Karin Blessing • Claus-Peter Hutter • Nicole Welsch

Schluss mit Fertig-Pizza

Wissens-Hunger – Tipps für eine gesunde Schulverpflegung

Karin Blessing • Claus-Peter Hutter • Nicole Welsch

Schluss mit Fertig-Pizza

Wissens-Hunger – Tipps für eine gesunde Schulverpflegung

Dieses Praxisbuch ist ein Beitrag zum Modellprojekt
„Wissens-Hunger – Wege zu einer nachhaltigen Schulverpflegung"
der Akademie für Natur- und Umweltschutz
Das Projekt wurde mit freundlicher Unterstützung der GlücksSpirale ermöglicht.

Gefördert durch die GlücksSpirale

Akademie für Natur- und Umweltschutz
Baden-Württemberg

Quitte
Zwetschge
Kirsche
Birne
Apfel

Eine gute Küche ist das Fundament allen Glücks.
Auguste Escoffier, französischer Meisterkoch

Einführung

Wissen, was wir essen – aus Verantwortung für Mensch und Natur

Am Handy noch schnell eine SMS verschicken, einen neuen Klingelton runterladen und nebenher ein paar Bissen Fertigpizza oder Döner – so oder ähnlich sieht vielerorts die Mittagspause der Schüler aus. Falsche Ernährung und Bewegungsmangel führen dazu, dass immer mehr junge Menschen übergewichtig sind. Dementsprechend überfluten in der letzten Zeit erschreckende Zahlen in Bezug auf die Ernährungssituation die Medien und Meldungen. Laut des bundesweiten Kinder- und Jugendsurveys (KiGGS) des Robert-Koch-Instituts von 2006 sind 15 % der 3- bis 17-Jährigen übergewichtig oder sogar fettleibig (Kurth 2007).
Wie kann man dem Problem begegnen? Unsere Gesellschaft wird hier vor große Herausforderungen und Anstrengungen gestellt. Schließlich bedingt die Ernährungssituation von heute ganz maßgeblich die Gesundheitsausgaben von morgen.
Der Auftrag der Ernährungserziehung wird inzwischen immer mehr den Schulen übertragen. In der Tat sieht die Ernährungssituation im Schulalltag oft schlecht aus: Manch Jugendlicher greift in der Pause lieber zu Burger, Schokoriegel oder Chips als zu Vollkornbrot und Apfel. Und vielen Kindern wird nicht mal eine Pausenvesper mitgegeben. Im Zuge der Umstellung auf Ganztagesbetrieb stehen die Schulen gemeinsam mit den Schulträgern – oft sind dies die Städte und Gemeinden – nun vermehrt vor der Aufgabe, eine adäquate Mittagsverpflegung anzubieten. Dass aber die Schulen das gestörte Essverhalten vieler Kinder und Jugendlichen nicht ohne das Mitziehen der außerschulischen Bereiche, der Elternhäuser und der Freizeitbereiche ändern können, muss klar sein. Dennoch: An vielen Schulen rücken in den Sommerferien die Handwerker an – nicht

nur, um zu renovieren, sondern auch, um für die neue Schulverpflegung eine Mensa einzurichten.
Oft drängt die Zeit, das Geld steht vielleicht nur kurzfristig zur Verfügung. Unter Umständen werden und wurden dadurch unwissentlich Dinge zementiert, die nicht gerade im Zeichen der Nachhaltigkeit stehen und auch nicht dazu beitragen, den Nachwuchs im Sinne von Nachhaltigkeit und Umwelt zu erziehen. Bei vielen Entscheidungen zur Einführung oder Erweiterung einer Mittagsverpflegung werden wertvolle Chancen vertan.
Gerade im Hinblick auf die Forderung nach Nachhaltigkeit gilt es, die neue oder alte Schulverpflegung kritisch zu hinterfragen:
Wie sieht die Mittagsverpflegung tatsächlich aus? Erhalten wirklich alle Schüler die Möglichkeit, an der Verpflegung teilzunehmen? Welche Qualität wird da zu welchem Preis geboten? Woher kommt das Essen? Ist ein von einem Massenbetrieb gekochtes Essen, das kreuz und quer durch die halbe Republik gekarrt wurde, wirklich sinnvoll? Wie steht es mit Emissionen und Klimaschutz?
Im Mittelpunkt aber stehen die Fragen: Wie viel soll in die Kinder und Jugendlichen heute investiert werden? Wie viel ist ihre Zukunft wert? Wie viel ist deshalb auch eine gesunde, nachhaltige Schulverpflegung wert?
Gerade im Hinblick auf Nachhaltigkeit gibt dieser Leitfaden Hilfestellung zu einigen elementaren Vorüberlegungen: Welche Kriterien sind wichtig? Welche Kriterien sind wirklich zukunftsträchtig und nachhaltig? Worauf sollten Schwerpunkte gesetzt werden? Welche Partner können mit einbezogen werden?
Bei der Fülle an Kriterien sind Hauruckverfahren fehl am Platz. Wer sich allerdings im Vorfeld ausreichend Zeit nimmt, kann vieles positiv beeinflussen und verändern, wenn auch vielleicht nicht alles auf einmal!

Der Mensch vergisst, was er isst – Herausforderung Wissenserosion

Wer kennt und erkennt noch die zurzeit auf unseren Äckern reifenden Getreidesorten, die Gerste mit ihren langen Grannen oder den Hafer mit seinen wogenden Rispen? Wer weiß, wozu die verschiedenen Getreidesorten verwendet werden? Wie macht man einen Kartoffelsalat? Oder wer geht noch mit dem Großvater in den Weinberg oder zum Äpfelauflesen und erhält so ganz nebenbei Informationen über die Tiere auf der Obstwiese und die Wildpflanzen am Wegesrand? Viele Schülerinnen und Schüler kennen heute mehr Handyklingeltöne als Vogelstimmen und mehr Automarken als Pflanzenarten. Immer weniger junge Menschen können dagegen von eindrucksvollen Naturerlebnissen berichten oder kennen typische heimische Nutzpflanzen und Nutztiere. Ähnliches gilt auch für ökologische Zusammenhänge und Kreisläufe.

Gerade in der Generation der Heranwachsenden wird die sogenannte „Wissenserosion" ganz besonders deutlich, die zunehmende Naturentfremdung und die schwindenden Kenntnisse in weiten Bereichen des Natur- und Alltagswissens.

Warum ist es so schlimm, wenn Kinder sich in der Natur nicht mehr so gut auskennen, dafür aber mit Technik oder Internet?

Die Antwort ist einfach: Der Wissensverlust ist Ursache für andere Probleme oder für den Mangel an Problemlösungen.

Fachkenntnisse und -wissen sind nämlich ebenso wie persönliche emotionale Erfahrungen Grundvoraussetzung für die Ausbildung eines Bewusstseins – für Umweltbelange, für gesunde Ernährung, für die vielfältigen Zusammenhänge und Vernetzungen und somit auch für nachhaltige Entwicklung. Gerade von

diesem Bewusstsein hängt ganz maßgeblich die Motivation und Bereitschaft einer Person ab, auch entsprechend zu handeln. Nachhaltigkeit braucht also das Problembewusstsein und die Handlungskompetenz des Einzelnen.
Bei einer nachhaltigen Schulverpflegung kann es deshalb nicht allein darum gehen, den Hunger nach etwas Essbarem zu stillen. Es geht auch darum, Themen der Ernährung, der Nachhaltigkeit und der Umweltvorsorge zu verbinden. Es geht darum, die zahllosen Verknüpfungen zwischen unserem Essen, der landwirtschaftlichen Erzeugung, der Landschaft, der Natur, dem Klimaschutz oder dem Erhalt der biologischen Vielfalt aufzuzeigen. Es geht darum, durch eine umfassende Aufklärung letztendlich die Selbstkompetenz bei Kindern und Jugendlichen zu stärken.
Wie in vielen Bereichen der Umweltvorsorge können wir zwar mit Innovation und Technik viel erreichen, stoßen aber meist irgendwann an den Punkt, wo auch die Menschen ihr Verhalten ändern müssen.
Eine gewisse Einsicht ist dafür unabdingbar: Unsere schützenswerte Natur muss dafür erst einmal als solche erkannt, verstanden und geschätzt werden. Wenn wir nicht schon unseren Kindern und Jugendlichen eine Beziehung zu Natur und Umwelt vermitteln, finden wir künftig auch keine Erwachsenen mehr, denen Klimaschutz, Naturschutz, Umweltvorsorge, biologische Vielfalt und nachhaltige Entwicklung am Herzen liegen und die sich dafür engagieren!
In diesem Sinne gibt dieser Leitfaden vielerlei Anregungen und Tipps zur Vermittlung der genannten Themen durch Aktivitäten mit Kindern und Jugendlichen.

Wissenshunger – ein Modellprojekt als Erfahrungsschatz

In Baden-Württemberg initiierte die Akademie für Natur- und Umweltschutz das zweijährige Modellprojekt „Wissenshunger – Wege zu einer nachhaltigen Schulverpflegung".
Zielsetzung war es, den Schülern in Verbindung mit der Mittagsverpflegung Impulse zu einem nachhaltigen Lebensstil zu geben. Es ging dabei nicht nur um ein zukunftsorientiertes Verhalten in Bezug auf die persönliche Gesundheit der Schüler, sondern ebenso im Hinblick auf Natur, Umwelt und Nachhaltigkeit. Als gutes Beispiel sollte die Schulverpflegung selbst diesem nachhaltigen Lebensstil entsprechen. Ein Idealfall: Ortsansässige Gastwirte kochen mit heimischen Erzeugnissen ein leckeres und gesundes Mittagessen für die Schüler. Dabei entsteht eine regionale Wertschöpfungs- und Verbraucherinformationskette – von der Landwirtschaft über die Gastronomie bis zu den Schülern als Konsumenten. Begleitet wird die Zubereitung der Essen von informativen Einheiten zu Nutzpflanzen, Nutztieren, Natur und Landschaft, regionalem Handwerk sowie zum Kochen selbst. Stets dienen die Aktivitäten im Projekt dazu, die Zusammenhänge zwischen naturverträglichem Anbau von gesunden Nahrungsmitteln, der täglichen Arbeit der Landwirte, dem Boden- und Grundwasserschutz sowie der Erhaltung der Biodiversität und der Bewahrung erlebnisreicher Kulturlandschaften aufzuzeigen.

Mögliche Themen:

- Regionale Küche als Beitrag zum Klimaschutz;
- Zusammenhänge zwischen heimischen Obstwiesen, Weinbergen, Feld, Wald und unserem Essen;
- Einfluss unserer Ernährungsgewohnheiten auf die Vielfalt heimischer Tiere und Pflanzen;
- Zusammenhänge zwischen erlebnisreicher Landschaft und Obstsortenvielfalt;
- Traditionelle Gerichte als Schlüssel für Natur- und Heimatbewusstsein.

Jede Schule ist anders. Dementsprechend wurde das landesweite Projekt „Wissenshunger" im Dialog mit sehr unterschiedlichen Modellstandorten und verschiedenen Partnern und Akteuren vor Ort durchgeführt. Die realisierten Aktivitäten und die gewonnenen Erfahrungen sind Grundlagen für die Empfehlungen dieses Leitfadens.

Das Modellprojekt „Wissenshunger – Wege zu einer nachhaltigen Schulverpflegung“

Projektträger: Akademie für Natur- und Umweltschutz beim Umweltministerium Baden-Württemberg

Im Dialog mit zahlreichen Akteuren und Partnern, unter anderem an den Modellstandorten: der Gemeinde Oberderdingen im Landkreis Karlsruhe, der Stadt Brackenheim im Landkreis Heilbronn, der Geschwister-Scholl-Schule in Tübingen, dem Wentzinger Gymnasium in Freiburg

Laufzeit: 2 Jahre, April 2007–April 2009

Aufbereitung und Tests: 2010/2011

Zielgruppe: Schülerinnen und Schüler aller Klassenstufen

Inhalte: Nachhaltige Schulverpflegung mit regionalen und saisonalen Produkten und möglichst lokalen Belieferungsstrukturen, Bildung für eine nachhaltige Entwicklung durch Vernetzung anderer Themenfelder mit dem Thema Ernährung: Gesundheit, Landwirtschaft, Lebensmittelhandwerk, Landschaft, Natur, biologische Vielfalt, Umwelt, Klimaschutz etc.

Beispiele und Anregungen – zur Anwendung dieses Buches

Als gutes Beispiel für einen nachhaltigen Lebensstil geht eine Schulverpflegung voran, welche den Prinzipien der Nachhaltigkeit gerecht wird. Dies wird als Leitbild für die neue Schulmensa oder für die Erneuerung der bestehenden Mittagsverpflegung vorangestellt. Wer aber tatsächlich eine Schulverpflegung nach diesen Kriterien umsetzen möchte, sollte auf folgende Elemente zurückgreifen können:

- auf eine Entscheidung für den Weg der Qualität, auch wenn sich dieser möglicherweise in finanziellen Mehrausgaben niederschlägt;
- auf überzeugende Argumente, die klarstellen, warum gerade die eine Herangehensweise besser sein soll als eine andere;
- auf viele verschiedene gesellschaftliche Partner, die sich gemeinsam auf den Weg machen;
- auf mehrere Einzelbausteine der Umsetzung, die getrennt angegangen werden, in der Summe aber letztlich ein großes Ganzes ergeben.

All diesen Elementen widmet sich dieser Leitfaden zur Umsetzung einer nachhaltigen Schulverpflegung.

Hintergründe und Argumente

Dieses Buch gibt zunächst eine Übersicht über die Grundproblematik, der sich die Schulverpflegung stellen muss. Ein Fokus liegt dabei auf dem zunehmenden Verlust von Natur- und Alltagswissen, der insbesondere auch Ernährungsthemen betrifft.
Welche Konsequenzen ergeben sich für die Schulverpflegung; stellt man den Anspruch der Nachhaltigkeit? Mit dieser Frage beschäftigt sich das folgende Kapitel. Es wird vorausgesetzt, dass eine Schulverpflegung möglichst allen Facetten einer nachhaltigen Entwicklung gerecht wird – der ökonomischen, der ökologischen und der sozialen.

Checklisten zur praktischen Umsetzung

Ausführliche Checklisten geben Hilfestellung zur Übertragung der gelegten Grundsätze auf die Praxis der Schulverpflegung. Es besteht dabei die Option, die Kriterien bei der Planung einer neuen Schulverpflegung zu berücksichtigen oder aber eine bestehende Schulverpflegung zu überprüfen und zu überdenken.

Vorschläge zur inhaltlichen Vermittlung

Die Umstellung der Schulverpflegung ohne eine entsprechende Vermittlung der Werte nach außen wird kaum Früchte tragen. Die Kapitel zum Ende des Buches befassen sich intensiv mit der Frage der Wissensvermittlung – im Schul- und Mensaalltag, aber auch darüber hinaus. An dieser Stelle finden sich Vorschläge zur Einbeziehung des Themas Ernährung in verschiedene Unterrichtsfächer ebenso wie Anregungen für außerschulische Aktivitäten.

Konkrete Umsetzungsbeispiele und Vorlagen für einzelne Einheiten runden den Bereich ab. Die vielfältigen Aktivitäten zielen darauf ab, einerseits Kenntnisse zu den einzelnen Themen und Zusammenhänge, andererseits aber auch Handlungskompetenz in Sachen gesunder Ernährung und Nachhaltigkeit zu vermitteln.

Wer vergisst, wie man die Erde beackert und das Feld bestellt, vergisst sich selbst.

Mahatma Gandhi

Essen ist mehr als Nahrungsaufnahme – vergessene Zusammenhänge

Was bedeutet Wissenserosion? – Zahlen und Fakten

Ein Wald, naturbelassen, schön, sauber, in dem alle Lebewesen fernab vom Menschen ein harmonisches Miteinander führen... So ähnlich sähe nach Meinung vieler Jugendlicher, vielleicht auch Erwachsener, eine ideale Naturlandschaft aus. Die Realität gerät dabei fast in Vergessenheit. Folgendes wird übersehen:

- Der Mensch ist auch Teil der Natur.
- Der Einfluss des Menschen lässt sich nicht so einfach ausschalten: Selbst in abgeschotteten Gebieten wirken Klimaveränderungen oder Luftverschmutzungen.
- Das Wirken des Menschen ist nicht ausschließlich negativ: Landschaften in unseren Breiten sind seit Jahrtausenden von menschlicher Nutzung geprägt. Die unterschiedlichen Formen der Landnutzung schufen eine Vielzahl von Lebensräumen – Wiesen, Weiden, Ackerland, Weinberge, Wälder. Gerade durch die menschliche Nutzung ist die biologische Vielfalt hier besonders hoch.
- Der Mensch ist grundsätzlich auf die Natur angewiesen, auf Nahrungsmittel, Bau- und Energiestoffe, pharmazeutische Wirkstoffe etc. Insbesondere bei dem heutigen Konsumverhalten und der herrschenden Bevölkerungsdichte kann unser Bedarf nur durch eine systematische Nutzung natürlicher Ressourcen gedeckt werden.
- Das, was wir als „schön und sauber" empfinden, muss nicht zwangsläufig auch gut für Natur und Umwelt sein.
- Gerade in der Natur geht es oft nicht um ein harmonisches Miteinander, sondern um Jäger und Gejagte, fressen und gefressen werden.

Untersuchungen zufolge haben Jugendliche heutzutage eine vorwiegend verklärte Vorstellung von Natur, gleichzeitig aber auch große Wissenslücken in den Bereichen Natur- und Alltagswissen. Anhand einiger Beispiele wurde dies wissenschaftlich belegt.
Die Rose – Symbol der Liebe, aber auch des Schmerzes – gilt als eine der beliebtesten Blumen. Doch ihre Früchte, wie heißen sie doch gleich? Wie sehen sie aus? Diese Fragen wurden in ähnlicher Form Jugendlichen im Rahmen einer wissenschaftlichen Befragung zum Jugendreport Natur 2003 gestellt (Brämer 2003). Bezeichnenderweise konnte nur gut jeder Fünfte die Hagebutte als Frucht der wilden Rose benennen. Dabei ist die Heckenrose oder Hundsrose als wild wachsende und fast in ganz Europa vorkommende Art alles andere als eine Seltenheit.
Zwar fehlt laut einer Befragung aus dem Jahre 2005 den Jugendlichen nicht grundsätzlich der Kontakt zur Natur (Brämer 2006: Jugendreport Natur '06). Allerdings ist die Natur im täglichen Leben selten mehr als eine schöne Kulisse für andere Aktivitäten – Feiern, Radfahren, Klettern. So gaben über 60 % der Befragten an, noch nie bei einem Landwirt oder bei Waldarbeiten mitgearbeitet zu haben. Ein Drittel der Jugendlichen hatte noch nie einen Schmetterling oder Käfer gefangen. Die empirischen Studien zeigen auch, dass es den Jugendlichen vielfach an einem grundsätzlichen Verständnis für die Nutzung der Natur mangelt (Brämer 2006: 10 Jahre Jugendreport Natur 1996 bis 2006).
Die gedankliche Distanz zur Natur wird demnach stets größer, das Verständnis für natürliche Zusammenhänge und Kreisläufe dagegen nimmt immer mehr ab. Immer weniger traditionelles Wissen wird offensichtlich noch von Generation zu Generation weitergegeben. So sind viele für die älteren Generationen noch elementare Kenntnisse bei der jüngeren Bevölkerung, wenn

überhaupt, nur noch rudimentär vorhanden. Immer mehr Wissen geht verloren, manches unwiderruflich – ein Phänomen, das bildlich als Wissenserosion bezeichnet werden kann.

Altes Wissen weicht neuem Wissen, was ist daran so schlimm? Die möglichen Konsequenzen der Wissenserosion

Der Verlust von Wissen in vielen Bereichen des traditionellen Natur- und Alltagswissens nimmt ständig zu. Weshalb aber ist das problematisch? Schließlich besitzen die Jugendlichen anstelle des „althergebrachten" Wissens um Pflanzenarten oder landwirtschaftlichen Anbau meist profunde Kenntnisse in anderen Bereichen, etwa im Umgang mit elektronischen Medien, PC und Internet – Kenntnisse, die in der modernen Gesellschaft doch viel wichtiger scheinen. Man könnte nun annehmen, dass lediglich eine Verlagerung von Schwerpunkten stattgefunden hat.

Doch Vorsicht! Selbst wenn dies der Fall sein sollte, ist ein solcher Wandel nicht unbedenklich: Wo die wirtschaftliche Nutzung der Natur nicht mehr thematisiert wird, wird auch die Bedeutung einer nachhaltigen Nutzung nicht erfasst werden. Ohne eine gewisse emotionale Beziehung zur Natur, ohne Artenkenntnisse von Nutz- und Wildpflanzen und ohne fächerübergreifendes Naturwissen wird die Handlungskompetenz in Sachen Nachhaltigkeit und für den Schutz der biologischen Vielfalt ausbleiben.

Durch den fortschreitenden Wissensverlust gehen immer mehr Kenntnisse und Erfahrungen verloren, die sich unsere Vorfahren teilweise im Laufe von Jahrhunderten oder gar Jahrtausenden angeeignet haben. In manchen Fällen mag dies – zunächst? – ohne Auswirkungen bleiben. Doch wer kann schon sagen, welches Wissen vielleicht in einigen Jahren von größter Bedeutung sein könnte? Man denke etwa an ein pflanzliches Heilmittel für eine neue Krankheit oder an ein erfolgreiches „Revival“ alter Nutzpflanzenarten.

Wenn nicht schon jetzt damit begonnen wird, den Jugendlichen eine Beziehung zu Natur und Umwelt zu vermitteln, wird es künftig immer weniger Erwachsene geben, denen Klimaschutz, Naturschutz, Umweltvorsorge, biologische Vielfalt und nachhaltige Entwicklung am Herzen liegen und die sich dafür engagieren.

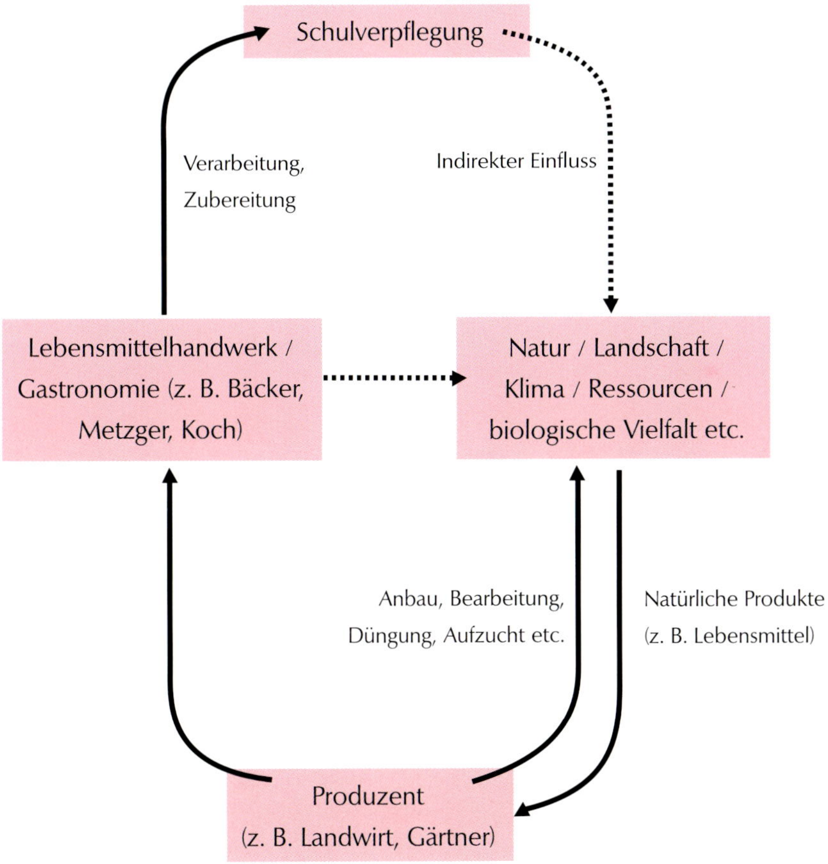

Verlorenes Wissen im Bereich Ernährung

Wer schon einmal einen Gemüseeintopf oder eine einfache Suppe gekocht hat, weiß: Ein einziges, einfaches Essen enthält bereits eine Vielzahl an Zutaten. Noch vielfältiger sind die Themenbereiche, die mit unserem Essen im Zusammenhang stehen – angefangen von Nutzpflanzenarten und Nutztieren, über deren Herkunft, Anbau, Verarbeitung und Essenszubereitung bis hin zu ökologischen, ökonomischen und sozialen Gesichtspunkten.

Viele Fragen rund ums Essen – wer kann sie beantworten?

- Woher kommt die Kartoffelpflanze ursprünglich?
- Wie sieht die Blüte des Kürbisses aus?
- Warum sind frische Produkte gesünder als Produkte, die lange gelagert wurden?
- Wie wird Essig hergestellt?
- Wie wird Getreide angepflanzt?
- Wann werden bei uns Erdbeeren geerntet?
- Wie macht man selbst geschabte Spätzle?
- Wo werden Bananen angebaut? Auf welchem Weg kommen sie zu uns?
- Was ist der Unterschied zwischen Eiern aus Bodenhaltung und Eiern aus Freilandhaltung?
- Unter welchen Bedingungen arbeiten die Erntehelfer auf den Spargelfeldern?
- Inwiefern hängen Fleischkonsum und Klimaschutz zusammen?

Der landläufige Verlust von Alltagswissen macht selbst vor dem Bereich Ernährung nicht halt, obwohl doch jeder Mensch nach wie vor tagtäglich Nahrung zu sich nimmt. Was für die meisten Großmütter noch ganz selbstverständlich war, ist vielen Erwachsenen heute längst nicht mehr geläufig und noch viel weniger den Teenagern.

Untersuchungen belegen: In Bezug auf natürliche Rohstoffe von Lebensmitteln – etwa die Pflanzen, aus denen Speiseöle hergestellt werden – sind die Kenntnisse von 12- bis 15-Jährigen eher als „marginal" zu bezeichnen (vgl. Brämer 2003; Brämer 2006: Jugendreport Natur '06).

Eine mögliche Ursache liegt darin, dass immer weniger Menschen noch in der Landwirtschaft tätig sind und sich aktiv mit der heimischen Landschaft auseinandersetzen (Blessing/Hutter 2004).

Dies entbindet jedoch nicht von der Notwendigkeit, sich mit dem Thema Essen, seinen Zusammenhängen, Voraussetzungen und Folgen zu beschäftigen. Im Gegenteil: Umso mehr sollte eine Schulverpflegung, die bewusst unter dem Aspekt der Nachhaltigkeit gestaltet wird, zwei grundlegende Gedanken beinhalten und vermitteln: Die Lust auf ein gesundes Essen und die Neugier auf das, was hinter diesem Essen steht. Ganz gezielt sollten die Zusammenhänge zwischen den verschiedenen Bereichen betont werden – von der Vielfalt unserer heimischen Kulturlandschaft und deren Produktvielfalt über die regionale Landwirtschaft in einer intakten Umwelt, das örtliche Lebensmittelhandwerk und die Gastronomen bis auf den Teller in der Schulmensa.

In welcher Form diese Zusammenhänge den Schülerinnen und Schülern begreiflich gemacht werden können, zeigen die Anregungen und Aktivitäten im Kapitel „Essen und Bildung für eine nachhaltige Entwicklung" und im Kapitel „Vier Jahreszeiten – Arbeitsmaterialien rund um Essen, Natur, Landschaft und biologische Vielfalt".

Wer die Welt bewegen will, sollte erst sich selbst bewegen.
Sokrates

Nachhaltige Schulverpflegung – die Verbindung von Ernährung, Wissenserwerb, Selbstkompetenz und Nachhaltigkeit

Nachhaltigkeit beginnt beim Essen

Wenn man Lara, Kathi und Sabrina fragt, wie sie ihre Mittagspause verbringen, kommt die Antwort wie aus der Pistole geschossen: zusammen natürlich. Gemeinsam lachen und quatschen, das zählt. Das Essen ist reine Nebensache. Man solle ja ohnehin so wenig wie möglich essen, sagt Kathi, wegen der Figur. Ihr Mittagessen besteht aus einem einzigen trockenen Milchbrötchen und einem Becher Smoothie.

Die Beobachtung, dass Jugendliche oft ein verkehrtes Verhältnis zum Essen haben, wird an vielen Schulen gemacht. Überall wird der Ruf laut nach einer gesunden, nachhaltigen Schulverpflegung. Was aber soll sich dahinter verbergen?

Seit der Konferenz der Vereinten Nationen über Umwelt und Entwicklung (UNCED) 1992 in Rio gilt der Begriff „Nachhaltigkeit“ als international anerkanntes Leitprinzip für eine zukunftsfähige Entwicklung.

Angesichts großer Herausforderungen – wie demografischer Wandel, Globalisierung, Klimaveränderung, Ressourcenknappheit, Rückgang der biologischen Vielfalt, Integration und Immigration – geht es darum, über den Tag hinaus zu denken und heute schon zukunftsweisend zu handeln. Ziel ist es, einerseits die Bedürfnisse aller heute auf dieser Erde lebenden Menschen zu sichern. Andererseits sollen die Entwicklungs- und Lebenschancen künftiger Generationen – unserer Enkel, Urenkel und Ururenkel – dadurch aber nicht gefährdet werden. Eine solche umfassende, langfristige und zukunftsgerichtete Entwicklung fordert die Berücksichtigung sowohl ökologischer als auch ökonomischer und sozialer Interessen. Dass diese drei Bereiche auf komplexe Art und

Weise miteinander verzahnt sind, oft sogar in Konkurrenz zueinander stehen, macht die Aufgabe nicht unbedingt einfacher.
Dieser reichlich abstrakte Begriff der Nachhaltigkeit soll nun auf alle Bereiche unseres täglichen Lebens angewandt werden – so auch auf die Schulverpflegung. Bei der Einrichtung einer neuen Schulverpflegung oder bei Ergänzung bestehender Verpflegungsstrukturen gilt es also, ökonomische, ökologische und soziale Aspekte gleichermaßen zu berücksichtigen. Das heißt etwa, selbst wenn „gesundes Essen" ein wichtiges Kriterium ist, geht es bei einer Schulverpflegung im Sinne der Nachhaltigkeit noch um viel mehr!
Wie aber kann und muss eine nachhaltige Schulverpflegung denn konkret aussehen? Welche Kriterien sollten dabei berücksichtigt werden?
Dieses und das folgende Kapitel geben eine Übersicht über entscheidende Aspekte der Nachhaltigkeit bei der Schulverpflegung sowie deren konkrete Beachtung bei der Planung. Ein besonderes Augenmerk liegt im Aufzeigen der Zusammenhänge zwischen Landschaft, Landwirtschaft, Ernährung, Naturerlebnis und Bewegung durch entsprechende Wissensvermittlung ohne erhobenen Zeigefinger.
Die nachfolgende Grafik veranschaulicht das Spannungsfeld nachhaltiger Schulverpflegung.

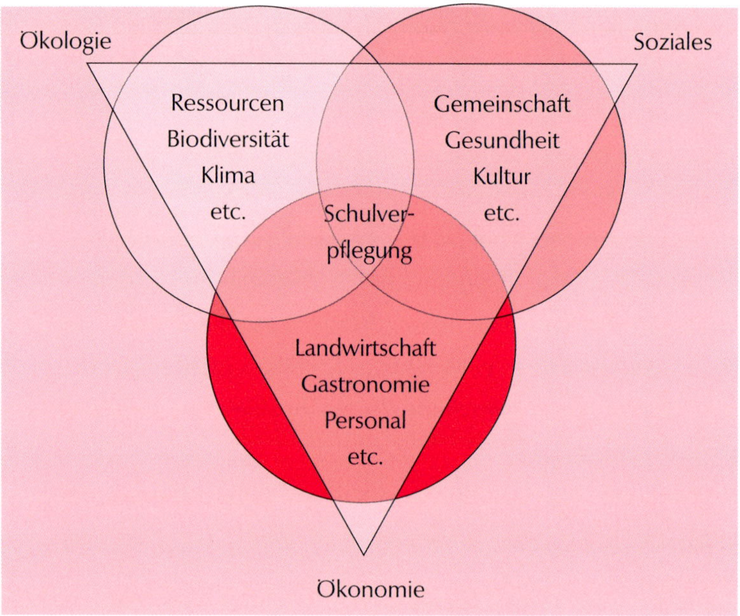

Spannungsfeld nachhaltiger Schulverpflegung

Ökonomie und Gesundheit in der Schulverpflegung – oder: Wie nachhaltige Schulverpflegung Gewerbe und Wirtschaft helfen kann.

Einige ökonomische Aspekte der Schulverpflegung liegen direkt auf der Hand: Die Einrichtung der Mensa kostet Geld. Das Essen in der Mensa wird verkauft. Die verwendeten Lebensmittel werden wiederum von einem Produzenten mit der Aussicht auf Gewinn hergestellt. Unmittelbar mit der Einrichtung einer Mensa fallen demnach Investitionen an, die von ganz unterschiedlichen Interessensgruppen getätigt werden müssen – Gemeinden, Eltern, Zulieferern etc.

Interessenskonflikte sind vorprogrammiert: Dem Schulträger stehen nur begrenzt Mittel zur Verfügung. Die Eltern fordern für ihren Nachwuchs möglichst hohe Essensqualität zu möglichst niedrigen Preisen. Ein Lieferant ist dagegen auf den Gewinn angewiesen.

Ebenso wie in anderen gesellschaftlichen Bereichen sind es auch bei der Schulverpflegung die harten Fakten, die die Entscheidungen maßgeblich beeinflussen.

Doch nachhaltiges Denken berücksichtigt nicht nur gegenwärtige Belange. Gerade bei ökonomischen Überlegungen kann ein Blick in die Zukunft entscheidend sein: So sind allein die Folgekosten für das Gesundheitswesen, bedingt durch die heutige Fehlernährung bei Kindern und Jugendlichen, gravierend. Nach Informationen des Bundesministeriums für Ernährung, Landwirtschaft und Verbraucherschutz und des Bundesministeriums für Gesundheit (2007) gehen schon heute jährlich Ausgaben in Höhe von mehr als 70 Mrd. Euro auf sogenannte ernährungsmitbedingte Krankheiten zurück. In ökonomische Bilanzen wären außerdem jene Folgekosten einzuberechnen, die durch Klimaerwärmung, den Verlust an biologischer Vielfalt oder durch Umweltverschmutzung entstehen.

Schulverpflegung ökonomisch sinnvoll zu gestalten kann deshalb nicht bedeuten, dass zugunsten eines möglichst niedrigen Preises die Essensqualität oder Umweltgesichtspunkte vernachlässigt werden.

Wie können diese ökonomischen Aspekte mit den Zielen der nachhaltigen Entwicklung in Einklang gebracht werden? Das Finden einer adäquaten Lösung ist kein einfaches Unterfangen. Sicherlich gibt es dafür – abhängig von den örtlichen Gegebenheiten – mehrere Möglichkeiten. Wichtig ist es, die

Überlegungen zur Nachhaltigkeit rechtzeitig in der Planung, schon vor dem Bau einer Mensa oder der Ausschreibung des Caterings, zu berücksichtigen.

Hier ein paar Ansatzpunkte zum Überdenken:

Verzichtet der Schulträger auf den aufwendigen und teuren Bau einer neuen Schulmensa, stehen Gelder für andere Dinge zur Verfügung, etwa für die Unterstützung von Kindern aus sozial schwachen Familien. Statt des Neubaus wird ein vorhandenes öffentliches Gebäude, das mittags nicht genutzt wird – eine Mehrzweckhalle, eine alte Stadthalle in der Nähe der Schule – zur fakultativen Mensa umfunktioniert.

Findet man einen geeigneten ortsansässigen oder zumindest ortsnahen Gastronomen, der das Essen anliefern kann, reicht in der Mensa eine einfache und günstigere Ausgabeküche aus. In einem Gastronomiebetrieb ist das erforderliche Equipment zum Kochen großer Essensmengen bereits vorhanden. Die höchste Auslastung der Küche eines Gastronomen ist am Wochenende und abends, wohingegen unter der Woche um die Mittagszeit noch Potenzial vorhanden ist. Durch die Belieferung der Schulmensa kann der Gastwirt also im Idealfall sein bestehendes Potenzial besser ausnutzen. Schmeckt den jungen Mensabesuchern das Essen, werden sie ihre Empfehlungen an die Eltern weitergeben. Eine wichtige Anforderung an den Gastronomiebetrieb ist allerdings die Berücksichtigung ernährungsphysiologischer Belange der Kinder und Jugendlichen. Schließlich unterscheiden sich diese in der Regel deutlich vom Bedarf eines durchschnittlichen, erwachsenen Restaurantbesuchers.

Im gleichen Atemzug mit der Forderung nach gesunder Ernährung stellt sich die Frage, wie die Lebensmittel für das Mensaessen produziert wurden. Gesunde Zutaten können letztendlich nur aus einer gesunden Landschaft mit intakter Umwelt mit unbelasteten Böden, sauberem Wasser und reiner Luft kommen. Eine weitere Anforderung im Sinne der Nachhaltigkeit ist deshalb die Verwendung frischer, naturschonend erzeugter Lebensmittel aus regionaler Produktion. Auf diesem Wege wird außerdem gezielt die Arbeit heimischer Landwirte unterstützt und honoriert. Durch die Schulverpflegung kann eine eigene regionale Wertschöpfungskette entstehen – von der heimischen Landschaft über die regionale Landwirtschaft, das Lebensmittelhandwerk und die örtliche Gastronomie bis hin zu den Schülern als Konsumenten in der Schulmensa. Sie trägt nicht nur zur Sicherung von Arbeitsplätzen in den genannten Bereichen bei, sondern auch zur Schaffung neuer Ausbildungsplätze.

Erst eine breite gesellschaftliche Akzeptanz sichert die Umsetzung der nachhaltigen Schulverpflegung. Je mehr Bereiche und Akteure vor Ort über die Inhalte und Hintergründe der neuen Schulverpflegung gebührend informiert und in die Planung einbezogen werden, desto eher wird es möglich sein, den finanziellen Aufwand im Sinne einer höheren Qualität zu etablieren.

Die Bildung lokaler und regionaler Netzwerke spielt hierbei eine große Rolle. Anregungen zur Planung entsprechender Informationsveranstaltungen finden sich im Kapitel „Essen und Bildung für eine nachhaltige Entwicklung“.

Mit vielen lokalen Akteuren zu einer nachhaltigen Schulverpflegung

Bei der Planung und Umsetzung der Schulverpflegung sind die Bedürfnisse, Wünsche und Erwartungen folgender Personengruppen unbedingt einzubeziehen und zu berücksichtigen.

Organisation der Schulverpflegung

- Schulträger (Bürgermeister, Verwaltungen etc.)
- Schulleiter
- Lehrer
- Schüler (-sprecher)
- Eltern (-beirat)
- Gastronomen/Caterer

Darüber hinaus sind folgende Akteure mögliche Ansprechpartner in Bezug auf die Belieferung der Mensa, insbesondere aber für die Umsetzung von Aktivitäten zur Wissensvermittlung mit Schülerinnen und Schülern:

Gesellschaftliche Gruppen und Institutionen

- Landwirte
- Wengerter/Winzer
- Obst-/Gartenbau
- Fischzüchter
- Angler
- Imker
- Jäger
- Förster

- Molkereien/Käsereien
- Getränkehändler/Mostereien
- Bäckereien
- Bauernverbände
- Landfrauenverbände
- Landjugendverbände
- Sportvereine
- Feuerwehren
- Untere Naturschutzbehörden
- Naturschutzbeauftragte und Naturschutzwarte
- Natur- und Landschaftsführer
- Naturschutzzentren
- Naturparks
- Verbände des Natur- und Umweltschutzes
- Heimat- und Wandervereine
- Kochclubs
- Hotel- und Gaststättenverbände
- Weinbauverbände
- Obstbauvereine
- Einzelhandelsbetriebe
- Fachschulen, Fachhochschulen und Universitäten
- etc.

Bei Anfrage sind heimische Akteure und Institutionen oft gern bereit, Kindern und Jugendlichen ihr Wissen zu ihrem Fachgebiet weiterzugeben. Schließlich erwachsen aus der jungen Generation von heute die künftigen Nachfolger. Diese Liste erhebt keinen Anspruch auf Vollständigkeit hinsichtlich möglicher Partner. Letztendlich können sich je nach lokalen Gegebenheiten ganz unterschiedliche Konstellationen ergeben.

Ökologie in der Schulverpflegung – oder: Was Kartoffelsalat mit Klimaschutz und Biodiversität zu tun hat.

Mit Donner, Blitz und Regenschauer entlädt sich in den Sommerwochen manch tosendes Gewitter über uns. Und immer wieder staunen wir, welch gewaltige Kräfte da am Werk sind.
Der moderne Mensch kann in viele Mechanismen regelnd eingreifen, kann viele Abläufe genau vorausberechnen. Dennoch bleiben Wetter und Klima Elemente, die sich unserer Kontrolle entziehen: Eine halbwegs verlässliche Wettervorhersage gilt maximal für wenige Tage. Der verheerenden Wirkung von Hagel, Sturm und enormen Regenmassen stehen wir oft trotz Vorwarnung machtlos gegenüber. Unser Klima verändert sich – ein hausgemachter Wandel, daran zweifelt heute kaum noch einer. Von den tatsächlichen Auswirkungen auf das Wettergeschehen, auf die Meeresspiegel oder auf die Tier- und Pflanzenwelt können wir uns allerdings noch kein genaues Bild machen. Bei all den Unsicherheitsfaktoren ist eines jedoch klar: Jeder Einzelne kann und muss seinen Beitrag zum Klimaschutz leisten. Dabei spielt das Essverhalten eine nicht unwesentliche Rolle.
Durch die Art und Weise unserer Ernährung entstehen etwa 16 % der bundesdeutschen klimarelevanten Emissionen und damit etwa die gleiche Menge wie durch unsere Mobilität (Wiegmann et al. 2005). Diese Emissionen werden nicht nur durch den Transport, sondern insbesondere durch Produktion, Lagerung, Zubereitung und Einkaufsfahrten verursacht. Wer also im Winter einen Obstsalat auf den Tisch zaubern möchte, sollte sich vorher Gedanken machen, welche Strecken und mit welchen Transportmitteln die einzelnen Früchtchen unterwegs

waren. Ein Apfel etwa, der aus Südafrika mit Schiff und Lkw eingeführt wird, belastet unsere Atmosphäre – laut einer österreichischen Studie – beim Transport mit etwa 12-mal mehr Kohlendioxid als ein Apfel von heimischen Obstwiesen (Agrarmarkt Austria 2007). Noch gravierender ist der Unterschied bei Produkten, die über weite Strecken mit dem Flugzeug transportiert werden, etwa Weintrauben aus Chile (Faktor: >800).

Ein großer Anteil der klimarelevanten Emissionen entsteht jedoch bereits bei der Produktion der Lebensmittel. Hier spielen etwa der Einsatz energieintensiver Dünge- und Pflanzenschutzmittel beim Anbau, Methanemissionen aus der Tierhaltung oder aufwendige Verarbeitung zu haltbaren Produkten eine große Rolle (Wiegmann et al. 2005).

Zahllose Regierungsvertreter aus aller Welt diskutierten bereits bei mehreren Biodiversitäts- und Naturschutzkonferenzen über das Thema biologische Vielfalt. Dabei wurde deutlich: Noch nie war die Bedrohung der biologischen Vielfalt weltweit so dramatisch wie heute. Die Aussterberate bedeutet allein für Deutschland, dass 26 % der heimischen Brutvogelarten, 62 % der Amphibien- und 79 % der Reptilienarten aktuell bestandsgefährdet sind (Umweltbundesamt 2007). Die Aussterberate von Arten hat sich durch menschliche Einflüsse um ein Vielfaches gegenüber der natürlichen Aussterberate erhöht. Wenn aber der Schutz der Biodiversität nicht schon in den eigenen vier Wänden beginnt, machen große, internationale Umweltkonferenzen keinen Sinn.

Was den Schutz der biologischen Vielfalt anbelangt, kommt wieder unsere Ernährung ins Spiel: Wenn wir Rindfleisch, Frischmilch oder Schafskäse aus naturnaher, regionaler Erzeugung kaufen, tragen wir zum Erhalt heimischer Wiesen und Weiden bei.

Auf den futterliefernden Wiesen und Weiden wächst eine Vielzahl an Gräsern und blühenden Wildpflanzen, die wiederum Lebensgrundlage für Schmetterlinge, Wildbienen und viele andere Lebewesen sind. Der Kauf von Kartoffeln oder anderen Feldfrüchten von einem heimischen Kleinbauern nach Möglichkeit in Bio-Qualität unterstützt zunächst natürlich den Landwirt selbst, genauso aber die typische Kulturlandschaft mit den Ackerfluren und den dort lebenden Tier- und Pflanzenarten. So bleiben einerseits heimische Kulturlandschaften als Basis zur Erhaltung der Biodiversität erhalten und andererseits sind vielgestaltige Kulturlandschaften auch Naturerlebnisgebiete als Grundlage für den ökonomisch so wichtigen Landestourismus.
Biologische Vielfalt wird zudem dann gefördert, wenn beim Kochen nicht nur normierte Ware zählt, sondern die geschmackliche Vielfalt, die sich aus der Vielfalt der Nutzpflanzen und Nutzpflanzensorten – regionaler und alter Sorten – ergibt.
Aus ökologischen Gründen spricht demnach vieles dafür, regionale Produkte bei der Schulverpflegung zu verwenden. Idealerweise stammen diese aus naturnahem Anbau und entsprechen der aktuellen Jahreszeit. Auf diese Weise wird etwa der Energieaufwand, der durch lange Lagerung entsteht, minimiert. Den Überlegungen zur Herkunft der Produkte sollten jedoch Überlegungen zur eigenen Zubereitung und Verarbeitung des Essens folgen. Denn hier kann ebenfalls Energie eingespart werden.
Bei der Zubereitung einer Schüssel Kartoffelsalat könnte man sich also folgende Fragen stellen: Woher stammen die Kartoffeln? Wie weit wurden sie transportiert? Wie naturnah wurden sie angebaut? Wie wurden sie gelagert? Wird vielleicht eine seltene Sorte verwendet und dadurch die Kartoffelsortenvielfalt unterstützt? Wie energiesparend wird gekocht?

Soziale Aspekte der Schulverpflegung – oder: Wie die Mensa das Zusammenleben beeinflusst.

Fröhlich strömen Schülerinnen und Schüler um die Mittagszeit in die Mensa. In erster Linie lockt natürlich der leckere Duft, der dem knurrenden Magen eine leckere Mahlzeit verspricht. Doch nicht nur das: Die Mensa ist Treffpunkt. Hier wird gemeinsam gegessen, man trifft Freunde, tauscht sich aus über die neuesten Trends ... Nebenbei wird Kraft getankt für weitere geistige Leistungen.

Ob die Kinder und Jugendlichen nun gerne und regelmäßig zum Essen kommen, hängt ganz entscheidend von der Atmosphäre der Mensa ab. Ein Raum, der nach dem anstrengenden Vormittag in der Schule noch mehr Lärm, Hetze, Ungemütlichkeit und dadurch Stress verbreitet, wird wenig zum Wohlempfinden der Essensteilnehmer beitragen können.

Die sozialen Aspekte der Mensa gehen noch weiter: Ein wichtiger Teil des gemeinschaftlichen Lebens an der Schule findet in der Mensa statt. Es geht hier gerade darum, Kommunikation zu üben oder angemessenes Verhalten wie Tischmanieren zu vermitteln. Von der Sozialkompetenz und der Fähigkeit, miteinander zu kommunizieren, hängt nicht zuletzt die Zukunftsfähigkeit unserer Gesellschaft ab.

Schon in die Planungen und Entscheidungen zur Schulmensa sollten daher die Anforderungen und Wünsche der Schülerinnen und Schüler mit einbezogen werden. Doch auch die Lehrerkräfte sind angesprochen. Wie könnte das Konzept einer Schulverpflegung glaubwürdig herüberkommen, würden sich Lehrerinnen und Lehrer nie an der Gemeinschaft beim Essen beteiligen?

Nach Gesichtspunkten der Nachhaltigkeit sollte das angebotene, gesunde Mittagessen für alle Schülerinnen und Schüler erhältlich sein.

Dies bedeutet zum einen, dass das Mensaessen für Kinder aus benachteiligten Familien ebenfalls bezahlbar ist. In etlichen Gemeinden wird aus diesem Grund das Essen für solche Kinder finanziell unterstützt. Zum anderen müssen die Infrastruktur und die Organisation des Schulalltags so auf den Mensabetrieb abgestimmt sein, dass es den Schülerinnen und Schülern organisatorisch und zeitlich möglich ist, am Essen teilzunehmen.

Lokal handeln, global denken – so lautet das Motto einer nachhaltigen Entwicklung. Auf der einen Seite fordert Schulverpflegung in sozialer Hinsicht lokal angepasste Lösungen. Auf der anderen Seite zieht sie global weite Kreise. Denn selbst wenn großer Wert auf Regionalität und Saisonalität gelegt wird, sind möglicherweise einige unverzichtbare Produkte nicht in der Region erhältlich – man denke etwa an Gewürze. Umso mehr sollte in diesem Falle auf die Produktionsbedingungen für die Menschen in den Herkunftsländern und auf fairen Handel geachtet werden.

Bestimmte Produkte können auch Ansatzpunkte für Themenwochen an der Mensa sein. Dann wird ganz bewusst die Ernährungssituation einer Partnerschule in Afrika aufgegriffen und auch zum Gegenstand im Unterricht gemacht.

Eine Symbiose von Ernährung und Wissenserwerb – oder: Wie Nachhaltigkeit lokale Netzwerke knüpft.

Im Garten hat der Frühling Einzug gehalten. Spürbar werden die Tage länger, die Bäume und Sträucher treiben aus und die morgendliche Luft ist erfüllt mit einem vielstimmigen Vogelgezwitscher. In einer Astgabel hat ein Buchfinkweibchen aus Halmen, Moos und kleinen Wurzeln ein Nest gebaut. Gerade noch hat die Spinne in ihrem trichterförmigen Netz eine kleine Fliege gefangen, schon wird sie selbst vom Buchfinkmännchen ergriffen und an die Jungen im Nest verfüttert. Doch auch hier ist Vorsicht angesagt, damit die kleinen Nestlinge nicht von einer Elster verschleppt werden. Schon ein kurzer Gang durch den Schulgarten kann tiefe Einblicke in bewährte natürliche Prinzipien bieten. Die vielfältige Vernetzung von Akteuren ist eines davon – in diesem Fall in Form einer Nahrungskette.
Letztendlich bilden die gesamten ökologischen Stoffkreisläufe auf unserer Erde ein ineinandergreifendes System!

Eine nachhaltige Schulverpflegung ist mehr als nur Mittagessen an der Schule. Sie sieht es als übergeordnetes Ziel an, den Schülerinnen und Schülern Impulse für einen umfassenden nachhaltigen Lebensstil, Zukunftsfähigkeit und Selbstkompetenz zu vermitteln. Dies bezieht sich nicht allein auf ein zukunftsorientiertes Verhalten in Bezug auf die persönliche Gesundheit der Schüler, sondern ebenso im Hinblick auf Natur und Umwelt, auf Sozialverhalten oder wirtschaftliches Denken. Nur wenn es gelingt, den Gedanken der Nachhaltigkeit breit gesellschaftlich zu verankern, insbesondere bei der jungen Generation, kann eine entsprechende Zukunftssicherung gelingen.

Verständnis und Einsicht in ökologische, ökonomische und soziale Zusammenhänge sind Grundvoraussetzung für die Bewahrung und Erhaltung der Lebensgrundlagen. Denn beim Konsumverhalten jedes Einzelnen kann ganz anschaulich aufgezeigt werden, wie sich dessen Verhalten auf unsere Kulturlandschaft und den Erhalt der Artenvielfalt, auf die Umwelt, auf die Auftragslage heimischer Produzenten oder etwa auf das Klima auswirkt. So etwas nennt man Ökologischen Fußabdruck. Viele dieser Zusammenhänge sind auf den ersten Blick nicht ersichtlich und müssen aktiv erarbeitet werden. Lokale Netzwerkpartner helfen hierbei.

Aktivitäten des Wissenserwerbs können ganz unterschiedlich aussehen: In Form von Exkursionen und Vorträgen, Projekttagen, Kursen, Unterrichtseinheiten oder Betriebsbesichtigungen ergänzen sie die eigentliche Schulverpflegung. Kompetente Ansprechpartner und Mitstreiter findet man oft direkt vor Ort. So sind örtliche Bauern, Landfrauen, Jäger, Wengerter und Winzer, Naturschutzpraktiker, Imker, Fischer, Gärtner, Köche, Metzger oder Bäcker oft gern bereit, ihre Erfahrungen, ihr Wissen und ihre Begeisterung – in gewissem Rahmen – an die Kinder und Jugendlichen weiterzugeben. Schüler gehen hinaus auf Bauernhöfe, in die Streuobstwiesen, auf den Acker und in den Weinberg, manche Naturschutzexperten und Landfrauen kommen wiederum in die Schule. Gerade in der Zusammenarbeit mit lokalen Akteuren und Partnern entstehen häufig Projekte, die längerfristiger, nachhaltiger Natur sind. Solche lokalen Netzwerke müssen aber auch gelebt werden, damit sie stabil bleiben. Frühzeitige Absprachen sowie ein „Geben und Nehmen" sind unabdingbar.

Beispiele und Anregungen für Aktivitäten, die in möglichst ansprechender Form den Schülerinnen und Schülern die Verknüpfungen zwischen Landwirtschaft, Gastronomie, Landschaft, Natur oder biologischer Vielfalt verdeutlichen, finden Sie im Kapitel „Essen und Bildung für eine nachhaltige Entwicklung".

Ökologischer Fußabdruck

Unser Leben braucht Platz: Sowohl unsere Wohnung als auch die Straße zur Wohnung, zur Schule, zum Sportplatz. Kakao und Kaffee auf unserem Frühstückstisch wurden in südlichen Ländern angebaut – auch diese Felder brauchen Platz, ebenso jene für Obst und Gemüse oder für die Baumwolle unserer Jeans und T-Shirts. Zur Befriedigung unserer Bedürfnisse nach Nahrung, Unterkunft, Kleidung, Mobilität aber auch zur Ablagerung und zum Abbau werden Land- und Wasserflächen benötigt.
Mit der Methode Ökologischer Fußabdruck kann berechnet werden, wie viel Fläche für die Herstellung eines bestimmten Produktes in Anspruch genommen wird. Für ein Kilo Gemüse werden etwa 0,95 m^2 Ackerland bearbeitet, dazu kommt noch ein Energieverbrauch von 10 Megajoule. Auch die Energiegewinnung beansprucht Fläche, die man umrechnen und dann einbeziehen kann. In diesem Fall kommen 1,41 m^2 Fläche hinzu, sodass ein Kilo Gemüse insgesamt 2,36 m^2 beansprucht (Wackernagel & Rees 1997; www.footprint.org).
Teilt man die biologisch produktive Fläche der Erde durch ca. 6 Mrd. Menschen, so ergibt sich für jeden Menschen eine Fläche von 1,8 ha. Im Jahre 1961 betrug der ökologische Fußabdruck aller Menschen auf der Erde etwa 70 % der biologischen Kapazität der Erde, 1999 waren es 120 %, 2006 sind es schon 145 %. Dies zeigt deutlich: Die Menschheit bewegt sich auf einem nicht nachhaltigen, nicht zukunftsfähigen Pfad.

Brot essen ist keine Kunst, aber Brot backen.

Sprichwort

Die Umsetzung nachhaltiger Schulverpflegung

Schritt für Schritt auf einem langen Weg

Mittagspause. Kaum hat es zum Unterrichtsende geläutet, strömen die Schülerinnen und Schüler schon zur nächsten Dönerbude oder „überfallen" den Supermarkt um die Ecke. Ein Blick in die Einkaufstüten ist alles andere als befriedigend: Chips, Kekse, Schokolade…Schon längst ist den Verantwortlichen in Schule und Verwaltung klar: Eine eigene Schulverpflegung muss her! Aber wie?

Die Herausforderungen bei der Einrichtung einer Schulverpflegung sind groß, die Chancen, Ökologie, Ökonomie und soziale Belange zu verknüpfen noch größer. Die Entscheidungsträger sollten nicht nur scheinbar günstige Preise, sondern auch Aspekte der Nachhaltigkeit und insbesondere gesunde Jungbürger im Blick haben. Eine nachhaltige Entwicklung soll schließlich den Bedürfnissen heutiger und künftiger Generationen gerecht werden. Sie berücksichtigt ein komplexes Wechselspiel gesellschaftlicher, wirtschaftlicher und ökologischer Fragestellungen. Mit gesundem Menschenverstand und dem Willen, Neues zu schaffen, kann jedoch der Fokus auf die entscheidenden Kriterien gelenkt werden.

In diesem Kapitel möchten wir Ihnen die wichtigsten Kriterien, Fragestellungen und Überlegungen zu einer nachhaltigen Schulverpflegung vorstellen.

Ermittlung des Bedarfs

Die Horrorvorstellung eines jeden Schulträgers: großzügige Räumlichkeiten mit teurer Ausstattung, ein vielseitiges Menüangebot mit mehreren Wahlmöglichkeiten ... und keiner geht hin. Dabei hätte eine einfache Befragung unter den Eltern der betroffenen Schülerinnen und Schüler schon so vieles klären können. Zwar sagt die Befragung noch nichts über die tatsächlichen späteren Essenszahlen aus, doch gibt sie eine Vorstellung davon, wie groß das Interesse an einer Schulmensa tatsächlich ist und welche Bedingungen daran geknüpft werden.
Je detaillierter die Informationen sein sollen, desto ausführlicher muss auch der Fragebogen sein. Der Fragebogen im Beispiel wurde bewusst sehr kurz gehalten, um einen möglichst hohen Rücklauf zu erzielen.
Meint man es allerdings ernst mit der Einführung einer nachhaltigen Schulverpflegung, sollte man dies als Präambel im Fragebogen vorausschicken. Noch besser wäre eine Informationsveranstaltung, um allen Beteiligten das Thema nachhaltigen Konsum und in diesem Zusammenhang die nachhaltige Schulverpflegung ganz im Sinne der nachhaltigen Entwicklung der Kommune zu erläutern.

Fragebogen zur Ermittlung des Bedarfs

Haben Sie Interesse an einem Mittagessen für Ihr Kind in der Schule?

- ☐ ja
- ☐ nein
- ☐ vielleicht

Wenn ja, wie oft in der Woche würde Ihr Kind das Angebot nutzen?

- ☐ 1 x
- ☐ 2 x
- ☐ 3 x
- ☐ 4 x
- ☐ 5 x
- ☐ unterschiedlich

Welchen Preis halten Sie für ein Mittagessen (Vorspeise, Hauptgang, Nachspeise, Getränk) noch für angemessen?

- ☐ bis zu 3,00 €
- ☐ bis zu 3,50 €
- ☐ bis zu 4,00 €

Verschiedene Interessen und die Kunst der Überzeugung

Wurde die grundlegende Entscheidung für die Einführung einer Schulverpflegung getroffen, ist es wie überall: Verschiedene Parteien mit unterschiedlichen Interessen treffen aufeinander – Schüler, Eltern, Gastronomen, Schulträger, Schulleiter, Lehrer, Partner für Aktivitäten außerhalb der eigentlichen Schulverpflegung etc.

Es gilt einen Weg zu finden, der möglichst alle Wünsche befriedigt, oder zumindest die Parteien von einer Lösung überzeugt. Das ist nicht immer ganz einfach…

Im Mittelpunkt steht letztendlich die Frage: Wie viel sind uns ein gesundes Essen und eine nachhaltige Entwicklung wert? Wer die Beteiligten diesbezüglich auf eine gute Bahn bringen möchte, muss einiges an Informations- und wahrscheinlich auch Überzeugungsarbeit leisten. Gerade die Frage nach den Finanzen lässt sich meist nicht so einfach wegdiskutieren. Schließlich kommen die Folgen eines schlechten Ansatzes oft erst viele Jahre später zum Tragen – etwa in Form von Gesundheitsfolgekosten, Veränderungen in Landwirtschaft und Landschaft oder veränderten klimatischen Bedingungen durch zu hohen CO_2-Ausstoß. Hier ist mangelndes Bewusstsein für nachhaltigen Konsum bei der Schulverpflegung nur eine Ursache von vielen und schwer zu fassen. Trotzdem sollte die Chance ergriffen werden und bereits im Vorfeld der Schulverpflegung die betroffenen Interessensgruppen und mögliche Partner sensibilisiert und zusammengeführt werden. Anregungen zur Organisation und Aufstellung entsprechender Veranstaltungen gibt das Kapitel „Essen und Bildung für eine nachhaltige Entwicklung“.

Interessen und Interessenskonflikte

Aus Sicht des Belieferers

Welchen finanziellen Vorteil ziehe ich aus der Schulverpflegung?

Lässt sich die Belieferung gut in das Alltagsgeschäft integrieren?

Wie gut lassen sich die Essenszahlen planen?

Aus Sicht der Eltern

Erhält mein Sohn/meine Tochter ein nachhaltiges Essen?

Geht er/sie gerne in die Mensa?

Ist das Mensaessen erschwinglich?

Aus Sicht der Schüler

Schmeckt das Essen und werde ich satt?

Fühle ich mich in der Mensa wohl?

Ist der Besuch in der Mensa gut mit meinem Schulalltag zu vereinbaren?

Wie kurzfristig kann ich mich für ein Essen entscheiden?

Aus der Sicht der Schulträger

Wo laufen die Fäden der Organisation zusammen?

Welche zusätzliche Infrastruktur wird für die Schulverpflegung benötigt?

Welche Kosten kommen auf uns zu?

Wie können die Ausgaben möglichst gering gehalten werden?

Aus der Sicht der Schulleiter und Lehrer

Kommen die Schüler gestärkt und erholt aus der Mittagspause?

Kann die Mensa mit dem Stundenplan koordiniert werden?

Sollen Lehrerinnen und Lehrer auch am Essen teilnehmen?

Wer leistet die Betreuung?

Checklisten zur Planung, Umsetzung und Überprüfung

Es hat sich gezeigt, dass bei der Einführung einer Schulverpflegung – gerade auch im Hinblick auf Nachhaltigkeit – immer wieder ähnliche Fragen gestellt werden müssen: Wo soll die Schulverpflegung stattfinden? Stehen bereits vorhandene Räumlichkeiten zur Verfügung und können so Kosten eingespart werden? Wie sieht die Ausstattung dieser Räumlichkeiten aus? Ist eine voll ausgerüstete Küche wirklich notwendig oder reicht nicht auch eine einfache Ausgabeküche? Wer aber soll die Belieferung der Mensa übernehmen? Findet sich nicht vielleicht ein örtlicher Gastronom, der durch die Übernahme der Mensabelieferung seine Kapazitäten noch besser auslasten kann?

Die Entscheidungen zu den einzelnen Fragen wollen wohlüberlegt sein. Ziel ist schließlich kein Catering mit großem CO_2-footprint, sondern eine lokale, nachhaltige Lösung zugunsten von Mensch und Umwelt. Eine solche Lösung beinhaltet unter anderem die Verwendung saisonaler und regionaler Produkte aus möglichst naturnahem Anbau, die Kooperation mit vorhandenen Strukturen, wie örtlicher Gastronomie und Lebensmittelhandwerk, sowie die entsprechende Wissensvermittlung des Themas Ernährung mit allen seinen Zusammenhängen.

Die folgende Auflistung bietet eine umfassende Zusammenstellung der entscheidenden Kriterien im Hinblick auf eine nachhaltige Schulverpflegung. Den einzelnen Kriterien sind Planungsfragen zugeordnet, die konkrete Anregungen und Hilfestellung zur Umsetzung geben. Demgegenüber dienen die aufgeführten Checkfragen der Überprüfung bereits bestehender Strukturen.

Nr.	Beschreibung	Vorteile	Planungsfragen[1]	Checkfragen[2]
1	Regionale Produkte von heimischen Produzenten aus naturnahem Anbau und fair gehandelt	– Stärkung lokaler Produktketten und der heimischen Wirtschaft – Energieeinsparungen durch kürzere Transportwege – Erhaltung und Inwertsetzung der heimischen Kulturlandschaft – Schutz der biologischen Vielfalt – Förderung sozialer Gerechtigkeit	Woher werden die Lebensmittel für die Mensa bezogen? Gibt es örtliche Produzenten, mit denen Kooperationen eingegangen werden können? Inwiefern ist der (mögliche) Belieferer der Mensa bereit, die gegebenen Kriterien zu berücksichtigen?	Stammen die Lebensmittel vorwiegend aus regionaler Produktion? Handelt es sich um naturnah produzierte Lebensmittel? Wurden die Lebensmittel fair gehandelt?
2	Belieferung durch ortsansässige Gastronomen	– Angebot frisch zubereiteter Speisen – Beschränkung auf eine einfache Ausgabeküche für die Schulmensa – Nutzung und Stärkung vorhandener lokaler Strukturen – Schaffung von Ausbildungsplätzen	Gibt es einen oder mehrere geeignete Gastronomen vor Ort, die die Belieferung (gemeinsam) übernehmen könnten? Welcher Betrieb im näheren Umkreis könnte die Mensa alternativ beliefern? Cook & Serve – Warmverpflegung – Tiefkühlsystem – Cook & Chill – Mischkost – Welches Verpflegungssystem ist am besten geeignet? Welche Ausstattung wird benötigt? Ist eine voll ausgestattete Mensaküche wirklich sinnvoll? Wie wird das Essen transportiert?	Wird die Mensa beliefert? Liegt der beliefernde Betrieb am Ort oder zumindest in einem Umkreis von 10 km? Werden vorwiegend frische Zutaten verwendet? Werden kaum Tiefkühlprodukte angeboten? Liegen die Warmhaltezeiten unter einer Stunde?

3	Gesunde, schmackhafte, altersgerechte Küche	– Förderung der Leistungsfähigkeit der Schüler – Sicherung der aktuellen und zukünftigen Gesundheit der Schüler – Vorbeugung künftiger Ausgaben im Gesundheitswesen	Nach welchen Kriterien soll das Mensaessen gekocht werden? Was bedeutet schülergerechte Küche? Welche Hygienerichtlinien gelten in der Schulmensa?	Entsprechen die Speisepläne den Mindeststandards der Deutschen Gesellschaft für Ernährung? Entsprechen sie den Empfehlungen für das Mittagessen in Kindertagesstätten und Ganztagesschulen des Dortmunder Forschungsinstituts für Kinderernährung? Werden die Hygienestandards eingehalten? Wird das Personal regelmäßig geschult?
4	Einbezug regionaltypischer Gerichte in die Speiseplanung	– Stärkung der heimischen Kultur	Wie viel Bedeutung soll der heimischen Kultur und regionalen Gerichten in der Mensa zukommen?	Vermittelt das Mittagessen in der Mensa auch Aspekte der heimischen Kultur?
5	Berücksichtigung von Ernährungseinschränkungen bei Schülern aus anderen Kulturkreisen, etwa Verzicht auf Schweinefleisch	– Integration von Schülern aus anderen Kulturkreisen	Wie können Schüler aus anderen Kulturkreisen integriert werden? Was muss dabei beachtet werden?	Bietet die Mensa ein Angebot, an dem möglichst alle Schüler teilnehmen können?

Nr.	Beschreibung	Vorteile	Planungsfragen[1]	Checkfragen[2]
6	Nutzung vorhandener Räumlichkeiten	– Geld- und Zeiteinsparung im Vergleich zum Neubau	Wo soll die Schulverpflegung stattfinden? Welchen allgemeinen und technischen Anforderungen müssen diese Räume genügen? Gibt es in Schulnähe Räumlichkeiten, die um die Mittagszeit leer stehen?	Nutzt die Schulverpflegung bestehende Räumlichkeiten? Sind die Räumlichkeiten der Schulverpflegung optimal ausgelastet?
7	Anpassung der allgemeinen Infrastruktur an die Schulverpflegung, etwa der Taktung des ÖPNV, der Pausenzeiten und Stundenpläne	– Verbesserung der Umsetzung und der organisatorischen Leistbarkeit der Schulverpflegung	Wie können die Stundenpläne angepasst werden, damit keine extremen Stoßzeiten in der Mensa entstehen und den Schülern genügend Zeit zum Essen bleibt? Wie muss die ÖPNV-Taktung geändert werden, dass die Schüler im Anschluss an den Unterricht noch in die Mensa können? Abo – Essensmarken – elektronische Bestellung – Welches Abrechnungssystem ist am geeignetsten?	Wurden extreme Stoßzeiten in der Mensa beseitigt? Können alle Schüler ohne größere Terminschwierigkeiten das Mensaessen wahrnehmen? Steht ihnen genügend Essenszeit (min. 60 Min.) zur Verfügung?
8	Bewusste Gestaltung der Mensa für eine angenehme Atmosphäre	– Aufwertung der Mensa als Ort der Erholung und als Raum für zwanglose Kommunikation	Wie kann der Essensraum ansprechend gestaltet werden? Was wünschen sich die Essensteilnehmer? Was kann das Personal zu einer schönen Mensa beitragen? Wie können lange Wartezeiten verhindert werden? Tischgemeinschaft – Cafeteria – Free-Flow – Welches Ausgabesystem ist sinnvoll?	Herrscht in der Mensa eine angenehme Lautstärke? Ist der Essensraum hell und freundlich? Wurden die Schüler in die Gestaltung mit einbezogen? Wird das Personal als freundlich und hilfsbereit empfunden? Liegt die Wartezeit in der Mensa unter einer Stunde?

9	Einbeziehung der Schüler, aber auch Eltern und Lehrkräfte in die Entscheidungsprozesse	– Stärkung der Akzeptanz der Mensa – Bessere Anpassung von Angebot und Nachfrage	Wie würden die Schüler ihre Mensa gestalten? Welchen Gastronom würden sie wählen? Wie kann die Kommunikation zwischen Essensteilnehmer und Anbieter optimiert werden? Welchen Preis sind die Eltern bereit zu zahlen? Wie sehen die Eltern den Bedarf ihrer Kinder nach einer Schulverpflegung?	Wurden die Schüler in die wichtigen Entscheidungsprozesse der Mensaplanung mit einbezogen? Konnten sich die Schüler schon im Vorfeld von dem Gastronom der Schulverpflegung überzeugen? Werden Wünsche der Essensteilnehmer bei der Speiseplanung berücksichtigt? Wurden alle Eltern im Vorfeld befragt und mehrfach informiert?
10	Einbeziehung aller am Schulalltag Beteiligter in ein durchgehendes Konzept rund um die Schulverpflegung	– Steigerung der Akzeptanz und Glaubwürdigkeit der Mensa – Identifikation der ganzen Schule mit der Schulverpflegung – Schaffung zusätzlicher Kommunikationsmöglichkeiten	Wie kann die Mensa noch stärker in den Schulalltag mit eingebunden werden? Können Schüler geplant Aufgaben in der Mensa übernehmen? Wie kann der Schulkiosk ggf. umgestaltet werden?	Gehen Lehrerinnen und Lehrer auch in die Mensa? Helfen Schüler (etwa beim Abtragen und Aufräumen) in der Mensa mit? Entspricht auch die übrige Pausenverpflegung (Schulkiosk) den Kriterien der Mittagsverpflegung?
11	Gemeinschaftliche Aufstellung und Einhaltung festgelegter Regeln beim Essen	– Förderung von Sozialkompetenz – Gewährleistung eines geregelten Ablaufs der Schulverpflegung	Welche Verhaltensregeln sollen in der Mensa gelten? Welche Regeln erachten die Schüler selbst als wichtig?	Gibt es feste Verhaltensregeln beim Essen in der Mensa? Wurden diese Regeln gemeinsam mit den Schülern aufgestellt?

Nr.	Beschreibung	Vorteile	Planungsfragen[1]	Checkfragen[2]
12	Unterstützung sozial benachteiligter Kinder und Jugendlicher	– Ansprache der Personengruppen, deren Ernährungssituation am bedenklichsten ist	Wie kann man Schülern aus sozial benachteiligten oder kinderreichen Familien entgegenkommen?	Erhalten Kinder und Jugendliche aus sozial schwierigen Verhältnissen finanzielle Vergünstigungen?
13	Fächerübergreifende Wissensvermittlung[3] im Rahmen des Schulunterrichts und Schulalltags	– Inhaltliche Verankerung des Themas Essen und Ernährung an ganz ver schiedenen Stellen – Verdeutlichung von Verknüpfungen und Zusammenhängen	Wo und in welcher Form können die genannten Themen verstärkt in den Schulunterricht einfließen? Wo können die Themen im Schulcurriculum verankert werden? Wie können diese in Projekttage einfließen? Sollten Lehrerinnen und Lehrer noch gezielt geschult werden? Anregungen: Kapitel 5	Wird das Thema Essen und Ernährung in verschiedenen Fächern im Schulunterricht aufgegriffen? Werden dabei die genannten Zusammenhänge angesprochen? Finden Projekttage zu den genannten Themen statt?
14	Wissensvermittlung im Rahmen der Schulmensa	– Vermittlung direkt am „Ort des Geschehens“	Durch welche Aktionen kann im Zusammenhang mit dem Essen in der Mensa zusätzlich Wissen vermittelt werden? Wie können der Belieferer der Mensa oder das Mensateam einbezogen werden? Anregungen: Kapitel 5	Finden im Rahmen der Schulverpflegung in der Mensa Aktivitäten der Wissensvermittlung statt?

15	Wissensvermittlung an außerschulischen Lernorten und mit außerschulischen Partnern	– Einbindung verschiedener gesellschaftlicher Gruppen und Akteure als Partner – Förderung der Akzeptanz in der Gesellschaft – Nutzung und Erweiterung bestehender Aktivitäten und Strukturen – Entlastung der Schulen und Lehrer	Welche örtlichen Gruppen und Akteure können angesprochen werden? In welche bestehenden Aktivitäten kann das Thema Ernährung einbezogen werden? Anregungen: Kapitel 5	Finden außerhalb von Schulunterricht und Mensa Aktivitäten der Wissensvermittlung statt? Werden außerschulische Akteure in die Wissensvermittlung einbezogen?

---

[1] **Planungsfragen:** geben Anregungen und Hilfestellungen zur Planung bzw. Verbesserung der Schulverpflegung

[2] **Checkfragen:** dienen der Überprüfung der bereits bestehenden Schulverpflegung. Können möglichst viele Fragen mit „Ja" beantwortet werden, befindet sich die Schulverpflegung auf einem guten Weg.

[3] **Wissensvermittlung:** Darstellung der Zusammenhänge von Essen, Landwirtschaft, Kulturlandschaft, Natur, Klimaschutz und biologischer Vielfalt. Vermittlung von gesunder Ernährung, mehr Bewegung und von Esskultur

An der Frucht erkennt man den Baum.

Matthäus 12,33

Essen und Bildung für eine nachhaltige Entwicklung

Mehr als „Hauswirtschaft" – Einbindung der Thematik gesunder Ernährung in den Schulunterricht

Jeder Mensch muss essen. Da ist… der gestresste Geschäftsmann, der es in der Eile kaum schafft, ein Brötchen hinunterzuschlingen … der Großvater, der sich an das Wirtschaftswunder erinnert, wenn er einen Schweinebraten isst … die junge Frau, die kaum noch etwas zu sich nimmt, um die angeblich überflüssigen Pfunde von den Rippen zu bekommen … die Festgesellschaft, die bei guter Laune und guten Gesprächen das Mahl genießt … oder der kleine Junge in einem Entwicklungsland, der noch nicht weiß, ob er am nächsten Tag etwas zu essen finden wird.
Viele Geschichten, viele Facetten, viele Klischees und dennoch: Ernährung ist ein Thema, das alle Menschen betrifft, das stets aktuell ist und von globalem Interesse. Insofern bieten sich für den Schulunterricht zahlreiche Möglichkeiten, das Thema Essen aufzugreifen und darüber ganz unterschiedliche Zusammenhänge und Problematiken anzusprechen – eine Chance der fächerübergreifenden Vermittlung von Sachkenntnissen, Urteilsvermögen und Handlungskompetenz, die oft noch zu wenig genutzt wird. Nicht zuletzt wird vom Unterricht, insbesondere von den naturwissenschaftlichen Fächern, ausdrücklich gefordert, das Bewusstsein der Schülerinnen und Schüler für die Möglichkeiten und Notwendigkeiten nachhaltigen Handelns zu stärken (Ministerium für Kultus, Jugend und Sport Baden-Württemberg 2004). Die folgenden Ausführungen geben Anreize, in welchem Zusammenhang der Themenkomplex Natur – Landschaft – Landwirtschaft – Essen – Gesundheit in den verschiedenen Unterrichtsfächern und Fächerverbünden aufgegriffen werden kann.

Essen und Ernährung im Unterricht? – Möglichkeiten der Vermittlung dargestellt am Beispiel Baden-Württembergs[1]

Mensch, Natur und Kultur (MeNuK, Grundschule)

Bis Klasse 2:

- körperliche Bedürfnisse und Signale, Bestandteile gesunder Ernährung
- Natur und Kultur des Heimatraums, heimische Esskultur im Vergleich zu fremden Esskulturen
- Berufe, Arbeitsstätten und Einkaufsmöglichkeiten mit Beispielen aus Landwirtschaft und Lebensmittelhandwerk
- Unterscheidung verschiedener Tiere und Pflanzen, darunter auch heimische Tier- und Kulturpflanzenarten
- tierische und pflanzliche Produkte als Grundlage von Lebensmitteln

Bis Klasse 4:

- Zusammenhang zwischen Körper, Ernährung und Bewegung
- gemeinsame Mahlzeiten als Teil des Zusammenlebens
- Esskulturen anderer Länder und Epochen
- Bedeutung der Artenvielfalt am Beispiel von Kulturpflanzensorten
- Betrachtung verschiedener Lebensräume einschließlich der aus diesen Lebensräumen stammenden Produkte
- tierische und pflanzliche Produkte als Grundlage von Lebensmitteln, Aspekte der Regionalität und Saisonalität
- Chancen und Risiken der Naturnutzung, bewusster Umgang mit begrenzten natürlichen Ressourcen

- Experimente zu Nahrungsmittelinhaltsstoffen, zu Wachstum und Keimung, zu Flüssigkeiten, Lösungen an Beispielen aus der Küche

---

[1]vgl. Ministerium für Kultus, Jugend und Sport Baden-Württemberg 2004

Materie – Natur – Technik (Hauptschule/Werkrealschule)

Bis Klasse 6:

- heimische Wild- und Kulturpflanzenarten und heimische Wild- und Nutztierarten
- ökosystemare Zusammenhänge, Nahrungsketten
- Auswirkungen des menschlichen Handelns auf die Natur am Beispiel Landwirtschaft

Bis Klasse 9:

- Veranschaulichung verschiedener chemischer Reaktionen an Beispielen aus der Küche (vgl. „Kochen aus der Sicht des Chemikers“)
- Mikroskopieren: Gewebe von Nutzpflanzen
- Umwandlung von Energie, in Nahrungsmitteln gebundene Energie, verantwortungsvoller Umgang mit Energie

Bis Klasse 10:

- Chancen und Risiken von biotechnologisch oder gentechnisch veränderten Lebensmitteln
- Strukturen organischer Stoffe mit Beispielen aus dem Lebensmittelbereich

- Einfluss des Menschen auf den Stoffkreislauf am Beispiel Landwirtschaft

Wirtschaft – Arbeit – Gesundheit (Hauptschule / Werkrealschule)

Bis Klasse 6:

- verbraucherbewusstes Einkaufen im Hinblick auf Lebensmittel
- Erkundung verschiedener Arbeitsplätze und Berufe mit Beispielen aus Landwirtschaft und Lebensmittelhandwerk
- gesunde Ernährung als Grundlage gesunder Lebensführung
- Grundlagen der Essenszubereitung
- kulturelle Unterschiede im Hinblick auf Lebensmittel

Bis Klasse 9:

- Fertigung eigener Produkte, Vertrieb und Vermarktung am Beispiel eines Lebensmittels (vgl. Einheit „Marktplatz Schule")
- Prinzipien der Nachhaltigkeit bei Produktion und Einkauf von Nahrungsmitteln (vgl. Einheit „Schüler kaufen ein")
- Berufe im Wandel mit Beispielen aus Landwirtschaft und Lebensmittelhandwerk
- Auswirkungen der Ernährung auf Stoffwechsel, Körper und Gesundheit

Bis Klasse 10:

- Spannungsverhältnis Ökonomie – Ökologie am Beispiel Lebensmittelproduktion
- technologischer Wandel im Hinblick auf Lebensmittelproduktion und unter dem Aspekt der Nachhaltigkeit

Im Fächerverbund Wirtschaft – Arbeit – Gesundheit ist es ausdrücklich erwünscht, außerschulische Lernorte und Akteure bei Praktika und Exkursionen einzubeziehen.

Welt – Zeit – Gesellschaft (Hauptschule/Werkrealschule):

Bis Klasse 6:

- Charakteristika früherer Lebensformen und Kulturen, darunter auch deren Alltagsleben und Essgewohnheiten
- Entwicklung zur Sesshaftigkeit und der damit einhergehende Wandel in der Ernährung
- unterschiedliche Nutzungsansprüche an Räume, Entwicklung und Rolle der Landwirtschaft im Heimatraum
- Bedeutung nachhaltigen Wirtschaftens im Hinblick auf Ernährung

Bis Klasse 9:

- Einordnungskriterien für Naturräume, darunter auch typische Produkte und Lebensmittel
- Charakteristika früherer Lebensformen und Kulturen, darunter auch deren Alltagsleben und Essgewohnheiten
- Bedeutung von Land- und Forstwirtschaft für Nahrungsversorgung und ökologisches Gleichgewicht
- Grenzen natürlicher Ressourcen und deren Bedeutung für die Erzeugung von Nahrungsmitteln
- Bedeutung nachhaltigen Wirtschaftens im Hinblick auf Ernährung

Bis Klasse 10:

- globale Warenströme und nachhaltige Ressourcennutzung am Beispiel von Lebensmitteln

Naturwissenschaftliches Arbeiten (NWA, Realschule)

Bis Klasse 7:

- praktische Erfahrungen mit Stoffen und chemische Reaktionen von Stoffen an Beispielen aus Alltag und Küche (vgl. „Kochen aus der Sicht des Chemikers")
- Wechselbeziehungen in der Natur, Stoffkreisläufe und Nahrungsketten
- die Bedeutung nachhaltigen Wirtschaftens am Beispiel Landwirtschaft
- Lebensgemeinschaften, die zur Lebensmittelproduktion genutzt und durch die Nutzung beeinflusst werden
- vom natürlichen Rohstoff zum fertigen Produkt

Bis Klasse 10:

- naturwissenschaftliche Phänomene in Alltagssituationen an Beispielen aus der Küche
- verantwortungsvolles Handeln beim Umgang mit der eigenen Gesundheit und mit der Mitwelt
- chemische Experimente zu Nährstoffen in Lebensmitteln
- Verdauungs- und Stoffwechselprozesse
- Entstehung von Arten durch Mutation, Selektion und Isolation mithilfe von Beispielen von Nutztier- und Kulturpflanzenarten
- zyklische Prozesse, das Prinzip der Nachhaltigkeit und die Begrenztheit der Ressourcen am Beispiel Welternährung

- Landwirtschaft und Nahrungsmittelproduktion, Biotechnologie in der Nahrungsmittelproduktion
- globale Stoffkreisläufe mit Beispielen aus dem Lebensmittelbereich

Erdkunde – Wirtschaft – Gemeinschaftskunde (EWG, Realschule)

Bis Klasse 6:

- Geländearbeit: Kartierung in landwirtschaftlich genutztem Gebiet
- ökologische Fragestellungen an regionalen und überregionalen Raumbeispielen mit Bezug zur landwirtschaftlichen Nutzung
- Spannungsfeld Ökologie und Ökonomie im Bezug auf die Lebensmittelproduktion
- Produktionsketten und Arbeitsteilung von der Erzeugung über die Verarbeitung und Vermarktung bis zum Verbraucher am Beispiel moderner Lebensmittelproduktion
- Abhängigkeit landwirtschaftlicher Produktion vom Naturraum

Bis Klasse 8:

- Zusammenhänge zwischen Klima und Vegetation mit Bezug zu landwirtschaftlichen Anbauprodukten
- ökologische Gefährdung außereuropäischer Räume durch menschliche Nutzung für die Lebensmittelproduktion
- nachhaltige Nutzung von Räumen auf kommunaler Ebene an einem Beispiel naturnaher Landwirtschaft (vgl. Einheit „Schüler auf dem Bauernhof 1“)
- Diskussion von Raumnutzungsproblemen

Bis Klasse 10:

- globale Warenströme und internationale Arbeitsteilung am Beispiel Lebensmittel
- Bedeutung nachhaltiger Ernährung im Hinblick auf Zukunftssicherung, Erhaltung des Lebensraums Erde und Schaffung sozialer Gerechtigkeit
- nachhaltige Entwicklung als Grundbedingung für Problemlösungen

Mensch und Umwelt (Realschule)

Bis Klasse 8:

- Regeln zur Ess- und Tischkultur
- Grundtechniken der Nahrungszubereitung
- Qualität von Lebensmitteln unter den Gesichtspunkten von Regionalität und Saisonalität

Bis Klasse 10:

- ökonomische, ökologische und persönliche Verantwortung bei der Haushaltsführung
- komplexe Aufgaben der Nahrungszubereitung
- Nährstoffbedarf verschiedener Personengruppen
- Lebensmittelqualität unter sozialen, gesundheitlichen und ökologischen Aspekten
- Fehlernährung, Essstörungen, gesundheitliche Folgen

Naturphänomene (Gymnasium)

Bis Klasse 6:

- Experimente zu verschiedenen Themenbereichen (Lösungsverhalten von Stoffen, Stoffgemische, Erhitzen, Schmelzen, Brennen etc.) an Beispielen aus Küche und Alltag (vgl. „Kochen aus der Sicht des Chemikers")

Biologie (Gymnasium)

Bis Klasse 6:

- Anpassungen von Lebewesen an ihre Umwelt am Beispiel von Kulturpflanzenarten und Nutztierrassen
- Aufbau von Blütenpflanzen, Pflanzenorgane mit Beispielen aus der Welt der Kulturpflanzen
- Kulturpflanzen aus der direkten Umgebung
- Gefährdung einheimischer Tier- und Pflanzenarten

Bis Klasse 8

- Fotosynthese und Zellatmung als wichtige Prozesse der Energiespeicherung bzw. Energieumwandlung
- Lichtmikroskopie am Beispiel von Nutzpflanzen
- menschliches Verdauungssystem, Zusammensetzung von Nahrungsmitteln, Nährstoffe, Bedeutung einer gesunden Ernährung

Bis Klasse 10:

- Mendel'sche Regeln der Vererbung anhand von Kulturpflanzen

- Erkundung eines schulnahen Ökosystems mit Bezug auf die daraus stammenden Produkte
- Wechselwirkungen in Ökosystemen: Nahrungsketten, Nahrungsnetze, Energiefluss, Einflussfaktoren etc.
- landwirtschaftliche Nutzung als Eingriff in Ökosysteme

Kursstufe (4-stündig):
- Einheit und Vielfalt von Lebewesen als Ergebnis der Evolution mit Beispielen aus den Bereichen Nutztiere und Kulturpflanzen
- Anpassung von Lebewesen an ihre Umwelt in Bezug auf Bau und Funktion am Beispiel von Kulturpflanzenarten und Nutztierrassen
- gentechnologische Methoden in der Landwirtschaft

Naturwissenschaft und Technik (Gymnasium)

Klasse 10:
- Nähr- und Zusatzstoffe von Nahrungsmitteln
- Konservierungsmethoden von Nahrungsmitteln
- Ernährungsgewohnheiten im Hinblick auf gesundheitliche und ökologische Folgen
- Untersuchung eines Lebensraums, der darin vorkommenden Lebewesen, Böden, klimatischen Gegebenheiten
- Zusammensetzung eines Alltagsproduktes am Beispiel eines Nahrungsmittels
- Herstellung eines Produktes mit biotechnischen Verfahren am Beispiel eines Nahrungsmittels

- Zusammenhänge und Wechselwirkungen in Stoffkreisläufen am Beispiel eines durch die landwirtschaftliche Nutzung geprägten Systems

Geografie (Gymnasium)

Bis Klasse 6:

- Zusammenhänge zwischen Klima, Nutzung und Pflanzenwelt
- Abhängigkeit landwirtschaftlicher Produktion von Naturfaktoren, Produktionsfaktoren und Märkten, mögliche Umweltgefährdung

Bis Klasse 8:

- Zusammenhänge zwischen klimatischen Verhältnissen und Anpassung von Pflanzen, Tieren und Menschen an ihre natürlichen Lebensbedingungen mit Beispielen aus dem Bereich Nutztiere und Kulturpflanzen
- globale Warenströme und internationale Arbeitsteilung anhand der Produktion von Nahrungsmitteln
- Verflechtung von Verkehr am Beispiel von Lebensmitteltransporten

Bis Klasse 10:

- Anteil der Ernährung an der anthropogen verursachten globalen Klimaänderung

Kursstufe (2-stündig):

- Untersuchung (Geländeaufnahme, Kartierung, Messung) vor Ort und Betriebserkundungen an Beispielen aus der heimischen Landwirtschaft
- Veränderung des Landschaftshaushalts durch Nutzung am Beispiel agrarischer Nutzung
- heutige Kulturlandschaft als Ergebnis historischer Entwicklung und Bewirtschaftung durch den Menschen
- weltweite Verflechtungen im Prozess der Globalisierung im Hinblick auf Lebensmittelproduktion

Kursstufe (4-stündig):

- Zusammenhang von Bodeneigenschaften und landwirtschaftlicher Nutzung, Konzepte nachhaltiger Bodennutzung
- landwirtschaftliche Produktion in Deutschland, Strukturprobleme in der Landwirtschaft

Wirtschaft (Gymnasium)

Bis Klasse 6:

- Spannungsfeld Bedürfnisse und Begrenztheit von Gütern
- Beeinträchtigung der Umwelt durch Produktion und Konsum

Bis Klasse 8:

- Information über Unternehmen der Region unter Einbeziehung von Beispielen aus der Lebensmittelproduktion

Bis Klasse 10:

- Wandel in der Berufs- und Arbeitswelt mit Beispielen aus Landwirtschaft und Lebensmittelhandwerk
- Verantwortung des Konsumenten für eine nachhaltige Entwicklung

Kursstufe (4-stündig):

- Knappheit von Rohstoffen – auch agrarischer Ausgangsprodukte – als Grundlage wirtschaftlichen Handelns
- Spannungsfeld Ökonomie und Ökologie hinsichtlich der Produktion von Lebensmitteln
- ökonomische, ökologische, soziale und politische Auswirkungen der Globalisierung etwa im Hinblick auf Welternährung

Gemeinschaftskunde (Gymnasium)

- Nachhaltigkeit in einer globalisierten Welt, Gefahren für das ökologische Gleichgewicht am Beispiel Welternährung
- Ursachen, Tendenzen und Folgen des gesellschaftlichen Wandels mit Bezug auf Ernährungsgewohnheiten

Physik (Gymnasium):

- Anwendung physikalischer Grundkenntnisse, Arbeitsweisen und Methoden auf Alltagsfragen, etwa aus dem Bereich Küche
- Anteil der Ernährung am anthropogenen Treibhauseffekt
- Möglichkeiten zum Energiesparen beim Kochen

Chemie (Gymnasium)

- chemische Prozesse und Stoffe an Beispielen aus Alltag und Küche erklären (Stoffeigenschaften, Lösungen, Redoxreaktionen, Säure-Base-Reaktionen, Kohlenhydrate, Kohlenstoffverbindungen, Kohlenstoffkreislauf, Proteine, etc.) (vgl. „Kochen aus der Sicht des Chemikers")

Geschichte (Gymnasium)

- beim Rekonstruieren vergangener Zeiten Ansprache des Alltags der Menschen, darunter auch Ernährungsgewohnheiten, etwa Änderung der Lebensweise im Zuge der neolithischen Revolution (bis Klasse 6)
- Nachwirkungen vergangener Zeiten auf die heutige Lebenswelt am Beispiel neu eingeführter Lebensmittel, etwa Wein durch die Römer (bis Klasse 6), Kartoffel im Zuge der Entdeckungen und Eroberungen der frühen Neuzeit (bis Klasse 8)
- Charakteristika der Landwirtschaft in der sozialen Marktwirtschaft (bis Klasse 10)

Sport (oder auch Fächerverbund Musik – Sport – Gestalten):

- Zusammenhang von Sport und Gesundheit, richtige Ernährung als Voraussetzung für Ausdauer
- Möglichkeiten des Naturbezugs bei Abenteuer-, Erlebnis-, Natur- oder Trendsportarten

Mathematik:

- Berechnungen an alltagsrelevanten Beispielen mit Bezug zum Thema Küche und Ernährung (Body-Mass-Index, Kalorienwerte, Mengenangaben etc.)

Deutsch:

- das Thema Essen in der deutschen Literatur (vgl. etwa Hülle/Schmidt/Fahrion 2000)
- Obst und Gemüse in der Literatur, etwa: welches Gemüse wird genannt? Warum?
- Diskutieren und Argumentieren an Beispielen aus dem Bereich Ernährung, etwa anhand eines Rollenspiels zum Thema biologischer Anbau – konventioneller Anbau
- Rolle und Einfluss von Medien am Beispiel eines Themas aus dem Bereich Ernährung, wie BSE oder Gentechnik

Fremdsprachen:

- Benennung landestypischer Gerichte und Anbauprodukte und Anwendung im Sprachgebrauch
- Etymologie der Obst- und Gemüsenamen

Bildende Kunst:

- heimische Wild- und Nutzpflanzen oder deren Produkte als Motive für Kunstwerke

Vom Thema bis zum Partner – konkrete Anregungen zur Einbindung von Essen und Ernährung in den Unterricht

Kochen aus der Sicht des Chemikers

Zielgruppen

Materie – Natur – Technik (Hauptschule), NWA (Realschule), Naturphänomene, Chemie, Naturwissenschaft und Technik (Gymnasium): verschiedene Klassenstufen

Themen

- Was passiert mit den Eiweißen beim Kochen? (Moleküle und Molekülstruktur von Eiweißen, Denaturierung von Eiweiß durch Erhitzen, Zugabe von Säure oder Salzen, enzymatische Spaltung von Eiweißen etc.)
- Warum gibt man Stärke in die Soße? (Glucose als Baustein des Makromoleküls Stärke, hydrophile Eigenschaften, Quellen durch Wassereinlagerung etc.)
- Warum wird Fleisch angebraten? (Maillard-Reaktion von Aminosäuren und Zuckern, geruchs- und geschmacksverstärkende Stoffe, Bräunungsstoffe, Acrylamid etc.).
- Was passiert beim Backen mit Hefe? (Aufbau von Kohlenhydraten, Alkohol, alkoholische Gärung, Enzyme etc.)
- Warum wird Sauerkraut sauer? (Milchsäuregärung etc.)
- Wie viel Eigelb braucht Mayonnaise? (Aufbau von Fetten, Struktur von Wasser, hydrophile und hydrophobe Substanzen, Funktion von Emulgatoren etc.)

Literatur

- Emsley 2004: Fritten, Fett und Faltencreme
- Emsley 2006: Sonne, Sex und Schokolade
- Lück/Gaymann 2005: Eiweisheiten
- Schwedt 2004: Experimente rund ums Kochen, Braten, Backen
- Schwedt 2009: Experimente mit Supermarktprodukten
- Schwedt 2009: Noch mehr Experimente mit Supermarktprodukten
- This-Benckhard 2008: Rätsel der Kochkunst
- This-Benckhard 2008: Rätsel und Geheimnisse der Kochkunst

(ausführliche Hinweise siehe Literaturverzeichnis)

Marktplatz Schule

Rühren, kneten, formen, backen – als Höhepunkt einer mehrwöchigen Unterrichtseinheit mit dem Titel „Marktplatz Schule" fertigen die Schülerinnen und Schüler ein eigenes Produkt aus regionalen Zutaten (etwa Vollkornschneckennudeln). Dieses verkaufen die jungen Bäckerinnen und Bäcker abschließend in der großen Pause auf dem Schulhof. Die vorangehenden Unterrichtsstunden arbeiten auf die Produktion hin. Schwerpunkte der Unterrichtseinheit liegen auf der Bedeutung der Verwendung von Zutaten aus regionaler Erzeugung sowie auf der Planung, Erzeugung und Vermarktung eines fertigen Produkts.
Dementsprechend lernen die Schülerinnen und Schüler im Vorfeld nicht nur, Preise zu vergleichen und zu kalkulieren, Abläufe zu optimieren oder ansprechende Werbung zu gestalten, sie beschäftigen sich gleichfalls mit den Zusammenhängen zwi-

schen Ernährung und Landwirtschaft, Landschaft, Natur, Umwelt sowie biologischer Vielfalt.

Zielgruppen

Wirtschaft – Arbeit – Gesundheit (Hauptschule): Obere Klassenstufen (9. Klasse)

Dauer

4 x 3 Schulstunden + 1 Schulstunde mit großer Pause

Vorbereitung

Aufarbeitung der thematischen Inhalte für die Schülerinnen und Schüler, Unterrichtsmaterialien, Zusammenstellung der Rezepte (Müsli und Schneckennudeln), Planung des Arbeitsablaufs, z. T. Einkauf der Zutaten

Partner

Lehrer, ggf. Landfrauenverbände, Landwirte, Direktvermarkter

Ablauf

- **Regionale Zutaten und biologische Vielfalt (3 Schulstunden)**
  Einkaufsmöglichkeiten für den Haushalt in unserer Umgebung: Unterscheidung von Supermarkt, Fachgeschäft, Wochenmarkt und Erzeuger
  Apfelgeschmackstest – Zusammenhänge zwischen geschmacklicher und biologischer Vielfalt
  Die Vorteile von Produkten aus der Region Vollkornschneckennudeln – Kriterien für den Einkauf von Backzutaten im Hinblick auf Regionalität

- **Lebensmittel, Lebensräume und Lebensmittelproduktion (3 Schulstunden)**
  Qualität, Preis, Einkaufsweg, Verpackung – Vergleich verschiedener Produkte und Auswahl der Zutaten für die Schneckennudelproduktion
  Herkunft von Lebensmitteln und deren Zusammenhänge mit verschiedenen Lebensräumen am Beispiel „Früchtemüsli"
  Der Wert eines guten Essens: Planung der Schneckennudelproduktion und Preiskalkulation
- **Vorbereitung der Schneckennudelproduktion (3 Schulstunden)**
  Probelauf in der Küche: Optimierung der Arbeitsabläufe beim Backen der Schneckennudeln
  Allgemeine Gesichtspunkte von Werbung, Entwicklung von Werbeslogans
- **Backen von Schneckennudeln aus regionalen Produkten (3 Schulstunden)**
  Produktion der zum Verkauf bestimmten Schneckennudeln in der Schulküche Herstellung von Preisschildern und Vorbereitung des Verkaufsstandes
- **Verkauf der selbstgebackenen Schneckennudeln (1 Schulstunde + große Pause)**
  Verkauf an die Schülerinnen und Schüler der Schule in der großen Pause

Themen

Beitrag der Ernährung zum Klimaschutz, Bedeutung regionaler Erzeugnisse für die Landwirtschaft und Landschaft, Einfluss von Essgewohnheiten auf die Vielfalt heimischer Tiere und Pflanzen, Zusammenhang zwischen biologischer Vielfalt und Geschmacksvielfalt

Schüler auf dem Bauernhof 1

Einen ganzen Vormittag lang verbringen die Schülerinnen und Schüler rund um einen landwirtschaftlichen Betrieb. Dabei erklärt ihnen der Landwirt nicht nur, welches Futter seine Pferde benötigen, sondern auch, welche Weinsorten am Ort angebaut werden, welche Kulturpflanzen auf den umliegenden Feldern und welche Begleitpflanzen am Ackerrand wachsen.
„Wer weiß, welches Getreide das ist?" Die Gruppe Jugendlicher schaut etwas schüchtern auf die Halme in der Hand des Landwirts, bis sich der Erste traut, etwas zu sagen. Und dann ist es doch gar nicht so schwer, die verschiedenen Getreidearten auseinanderzuhalten. Den Hafer, den mit der Rispe, kennen sie von den Haferflocken, aus Gerste wird Bier gebraut und Weizenmehl wird zu einer Vielzahl von Teig- und Backwaren verarbeitet. Natürlich werden bei der Führung in erster Linie die typischen heimischen Anbauprodukte betrachtet. Doch immer wieder lenkt der fachkundige Begleiter den Blick auch auf Wildpflanzen am Ackerrand – Schafgarbe, Klatschmohn, Ackerwinde – oder auf verschiedene Wildgräser.

Zielgruppen

Je nach Schwerpunktsetzung verschiedene Klassenstufen verschiedener Schularten, z. B.: Wirtschaft – Arbeit – Gesundheit (Hauptschule, bis Klasse 9), NWA (Realschule, bis Klasse 7), Wirtschaft (Gymnasium, bis Klasse 10), Naturwissenschaft und Technik (Gymnasium, Klasse 10), Geografie (Gymnasium, Kursstufe)

Dauer

4–6 Schulstunden

Vorbereitung

Kontaktaufnahme mit einem örtlichen Landwirt

Partner

Landwirte, Lehrer

Ablauf

- **Hofbesichtigung**
  Themen: Tierhaltung, Hausgarten, Obstgarten, verschiedene Obstbaumarten, verschiedene Obstsorten
- **Exkursion in die Umgebung**
  Themen: regionaltypische Anbauprodukte, verschiedene Kulturpflanzenarten und -sorten, Ackerbegleitflora, Veränderung und Prägung der Ökosysteme durch landwirtschaftliche Nutzung, Naturfaktoren für die Landwirtschaft
- **Abschluss auf dem Hof**
  Themen: Verkostung von hauseigenen Lebensmitteln und Getränken, regionale und saisonale Produkte

Schüler kaufen ein

Was sind eigentlich die Unterschiede zwischen biologischer und konventioneller Produktion? Wie sind verschiedene Lebensmittel ausgezeichnet? Warum sollen biologische Lebensmittel besser sein? Und warum sind sie teurer? Mit diesen Fragen beschäftigen sich die Schülerinnen und Schüler im Zuge dieser Unterrichtseinheit. Sie besuchen einen Bioladen, erörtern das Sortiment des Geschäfts und kaufen vorgegebene Zutaten zur weiteren Verarbeitung. Zurück in der Schule wird aus den gekauften Zutaten ein einfaches Gericht zubereitet (Vorschlag: Babybrei). Dieses wird anschließend mit verschiedenen fertigen Produkten hinsichtlich ihres Preises, der Inhaltsstoffe und des Geschmacks verglichen.

Zielgruppe

Fächerverbünde Wirtschaft – Arbeit – Gesundheit (Hauptschule) und Mensch und Umwelt (Realschule): höhere Klassenstufen (z. B. 9. Klasse)

Vorbereitung

Kontakt zum Bioladen, Absprache der Inhalte des Besuchs im Bioladen und Terminvereinbarung, ggf. Kontakt zu einem Landwirt, der im Unterricht die Prinzipien biologischer Produktion vorstellt, Vorbereitung der Unterrichtseinheit (Materialien, Rezept für Babybrei, Einkaufsliste)

Partner

Lehrer, Bioladen, Landwirte / Biolandwirt

Ablauf

- **Besuch im Bioladen (1 Schulstunde)**
  Was gibt es im Bioladen zu kaufen? Was gibt es nicht?
  – Ermittlung der Produktpalette in Einzelarbeit über einen Befragungsbogen und Einkauf der vorgegebenen Zutaten für die Unterrichtseinheit
- **Unterrichtseinheit (2–3 Schulstunden)**
  Praxisteil: Herstellung eines selbst gemachten Produkts (Vorschlag: Babybrei Apfel-Banane) aus den im Bioladen gekauften Zutaten
  Theorieteil: Vergleich verschiedener Babybreie (Geschmack, Inhaltsstoffe, Preis), Unterschiede naturnaher und konventioneller Erzeugung (Grundsätze, Auswirkungen auf Natur und Umwelt)

Themen

Herkunft von Lebensmitteln, biologische Lebensmittel, naturnaher Anbau, Regionalität und Saisonalität, Inhaltsstoffe von Lebensmitteln, Auszeichnung von Lebensmitteln, Preisbildung

Von der Zielgruppe bis zum Detailprogramm – Durchführung von Aktivitäten und Bausteinen außerhalb des Unterrichts

Die Vermittlung einer nachhaltigen Ernährung und Lebensweise ist nicht allein Aufgabe der Schule und des Schulunterrichts. Bei Umsetzung einer nachhaltigen Schulverpflegung gilt es daher, möglichst viele gesellschaftliche Bereiche ins Boot zu holen: Landwirte als Produzenten, Gastronomen, Landfrauen, Müller und Bäcker als „Veredler“ der Produkte, Imker und Fischer, Heimat-, Wander- und Naturschutzverbände, Sportvereine, die Schulen selbst, aber auch Eltern und Familien. Sie alle sind entweder direkt von der Schulverpflegung betroffen oder fungieren als Kooperationspartner und Multiplikatoren. Erst durch die Zusammenarbeit zahlreicher Partner entstehen letztlich lokale Netzwerke, die auch auf längere Sicht Bestand haben.
Gemeinsam mit diesen Partnern werden Aktivitäten und Aktionen ins Leben gerufen, die den Schülerinnen und Schülern – aber auch Erwachsenen – die oft vergessenen Zusammenhänge wieder nahebringen. Konkret geht es dabei um Wissensvermittlung zur täglichen Arbeit der Landwirte, zur Vielfalt heimischer Produkte, zu gesunden Lebensmitteln, aber auch zu heimischen Tier- und Pflanzenarten, zum Schutz der Biodiversität, zu ökologischen Zusammenhängen oder zum Klimaschutz. Wenn es gelingt, diese Vernetzungen im Bewusstsein der Menschen wieder zu verankern, ist bereits ein großer Schritt in Richtung einer nachhaltigen Entwicklung getan.
Im Folgenden werden mehrere erprobte Aktivitäten vorgestellt, die unterschiedliche Zielgruppen ansprechen.

Veranstaltungen für Multiplikatoren

Zielgruppenspezifische Veranstaltungen dienen der Information, Einbeziehung und Koordination der beteiligten Partner. Zwar unterscheiden sich die Inhalte dieser Veranstaltungen je nach Zielgruppe, das Vorgehen hinsichtlich Vorbereitung und Ablauf ist jedoch stets ähnlich – ob nun bei zweistündigen Informationsveranstaltungen oder bei halb- oder ganztägigen Seminaren.

Zielgruppen
Je nach Veranstaltungsausrichtung: Lehrer, Landwirte, Gastronomen, Kocheltern, Vertreterinnen und Vertreter des Lebensmittelhandwerks, örtlicher Vereine und Verbände etc.

Vorbereitung
Festlegung des Tagungsortes und der Räumlichkeiten, Ansprache von Referenten, Aufstellung des Tagungsprogrammes, Einladung von Teilnehmern, Zusammenstellung von Informationsmaterial, Organisation von Verpflegung, Technik und sonstigem Seminarzubehör, Aufbau

Partner
Schulleiter, Lehrer, Kommune, Schulträger

Themen

- Gesunde und nachhaltige Ernährung – ein Thema für den Schulunterricht?!
- Regional, saisonal, gesund – Merkmale einer nachhaltigen Ernährung
- Aus der Landschaft auf den Teller – woher kommt unser Essen?
- Qualität in der Mensa – Kriterien für die Schulverpflegung
- Geschmackliche Vielfalt und Biodiversität
- „Good will" oder ökonomisch-ökologische Chance? Als Gastronom in der Schulverpflegung
- Gesund, abwechslungsreich, kreativ – wodurch zeichnet sich eine schülergerechte Küche aus?
- Vom Energiesparen bis zur Produktauswahl – Klimaschutz beim Essen und Kochen
- Praktische Überlegungen bei der Umsetzung nachhaltiger Schulverpflegung

Kochevent „Geschmackvoll"

In Anlehnung an die vielen derzeit höchst populären Kochshows wird als etwas außergewöhnliche Informationsveranstaltung ein lokales Kochevent aufgestellt. Vor einer breiten Öffentlichkeit kochen bekannte Persönlichkeiten des öffentlichen Lebens – Bürgermeister, Schulleiter und andere – gemeinsam mit Schülerinnen und Schülern der beteiligten Schulen. Eifrig schnippeln, braten, rühren und würzen sie unter Anleitung eines Gastronomen, um schließlich den Anwesenden ein leckeres regionales und saisonales Menu zum Probieren anbieten zu können. Nebenbei sprechen sie sich für die Bedeutung einer gesunden und nachhaltigen Schulverpflegung aus.

Zielgruppe
Eltern, breite Öffentlichkeit, mögliche Partner der Schulverpflegung

Vorbereitung
Festlegung des Tagungsortes, der Räumlichkeiten und des Termins, Ansprache von Koch- und Diskussionspartnern sowie eines Moderators, Aufstellung des Veranstaltungsprogramms, öffentliche Einladung, Aufstellung des Menüs für die Kochshow, Einkauf der Zutaten, Organisation zusätzlicher Verpflegung (Getränke, Häppchen) sowie der benötigten Veranstaltungstechnik und Kochgeräte, Vorbereitung von Presseunterlagen und Informationsmaterialien, Aufbau vor Ort

Partner

Kochpartner: Gastronom der Schulverpflegung oder andere örtliche Gastronomen, ggf. Spitzenköche, Bürgermeister, Schulleiter und weitere prominente Persönlichkeiten des öffentlichen Lebens, Schüler

Weitere mögliche Diskussionspartner: Schülervertreter, Elternvertreter, Landwirte, Vertreter von Vereinen und Verbänden

Ablauf

16.00 Uhr	**Begrüßung**
16.15 Uhr	**Themenblock: Was bedeutet nachhaltige Schulverpflegung?**
16.30 Uhr	**Kochevent**
17.15 Uhr	**Diskussion im Plenum: Wie kann nachhaltige Schulverpflegung vor Ort umgesetzt werden?**
18.00 Uhr	**Geselliger Ausklang**
19.00 Uhr	**Ende der Veranstaltung**

Themen

Gesunde Ernährung, nachhaltige Schulverpflegung, konkrete Umsetzung der Schulmensa vor Ort, Vorstellung und Gewinnung von Partnern

Mensaaktion: Geschmacksparcours

Die geschmackliche Vielfalt gilt als direktes Sinnbild für die Vielfalt heimischer Nutzpflanzen und die Erhaltung biologischer Vielfalt. Jeweils einen Vormittag lang wird in der Schule ein Geschmacksparcours zu einem jahreszeitlich passenden Thema aufgebaut – Getreide, Karotte, Erdbeere, Kartoffel. Lehrerinnen und Lehrer können mit ihren Klassen zum Parcours kommen. Hier testen Schülerinnen und Schüler an verschiedenen Sorten, Verarbeitungsformen und Produkten geschmackliche Unterschiede aus und schärfen ihren Geschmackssinn. Den Lehrerinnen und Lehrern bietet sich die Möglichkeit, das Thema des Geschmacksparcours im Unterricht aufzugreifen. Im Vordergrund steht die bewusste Wahrnehmung geschmacklicher Unterschiede. Zusätzliche Informationen zum jeweiligen Thema, die vielleicht von einer Schulklasse vorbereitet und nun ausgestellt wurden, bereichern den Parcours.

Zielgruppe

Schüler aller Altersstufen

Vorbereitung

Absprache eines möglichen Termins mit der Schulleitung, Festlegung des Themas bzw. der Themen, Ansprache möglicher Kooperationspartner – etwa im Hinblick auf die Stellung von Zutaten –, Information der Lehrkräfte und Aushang eines Zeitplans, in die die Lehrkräfte ihre Klassen eintragen können, Organisation der Vorbereitungen und der Betreuung, Besorgung der Zutaten, Zusammenstellung von Zusatzinformationen und eventuell entsprechenden Stellwänden, Aufbau des Parcours und Vorbereitung der Testhäppchen

Partner

Lehrer, Eltern, Mensateam, Landwirte, Gastronomen, Bäcker, weiteres Lebensmittelhandwerk

Ablauf

Entsprechend des aufgestellten Zeitplans kommen Lehrerinnen und Lehrer mit ihren Schulklassen zum Parcours, testen hier die jeweiligen Produkte und erhalten Zusatzinformationen von den anwesenden Partnern. Dauer: ca. 20 Min.

Variation: Geschmacksparcours für Eltern oder im Zusammenhang mit einer öffentlichen Veranstaltung

Themen

Frühsommer: Erdbeere

Erdbeeren in unterschiedlichen Verarbeitungsformen: tiefgekühlt, aus der Dose, frisch vom Feld aus biologischem Anbau; Unterschiede verschiedener Anbauarten, Saisonalität und Regionalität

Spätsommer: Brot

Verschiedene Brotsorten, Hefe- und Sauerteig, Getreidearten, Wintergetreide und Sommergetreide, Schrot- und Mehlsorten, Inhaltsstoffe des Getreides, Aufbau des Getreidekorns

Herbst: Karotte

Karotten in unterschiedlichen Verarbeitungsformen: tiefgekühlt, aus der Dose, frisch – aus konventionellem und aus biologi-

schem Anbau; Unterschiede verschiedener Anbauarten, Inhaltsstoffe der Karotte

Winter: Kartoffel

Kartoffeln unterschiedlich zubereitet: gekocht, gebraten, als Brei, als Salat, unterschiedliche Kartoffelsorten und ihre Verwendung, Herausheben alter Sorten, Herkunft der Kartoffel

Projekttag: Streuobstaktion

Am Beispiel heimischer Streuobstwiesen werden die Zusammenhänge zwischen ökologischen, ökonomischen und sozialen Aspekten in unserer Kulturlandschaft besonders eindrücklich: Schließlich hängen mit der Nutzung der Streuobstwiesen maßgeblich deren Erhalt als Lebensraum und deren biologische Vielfalt zusammen.

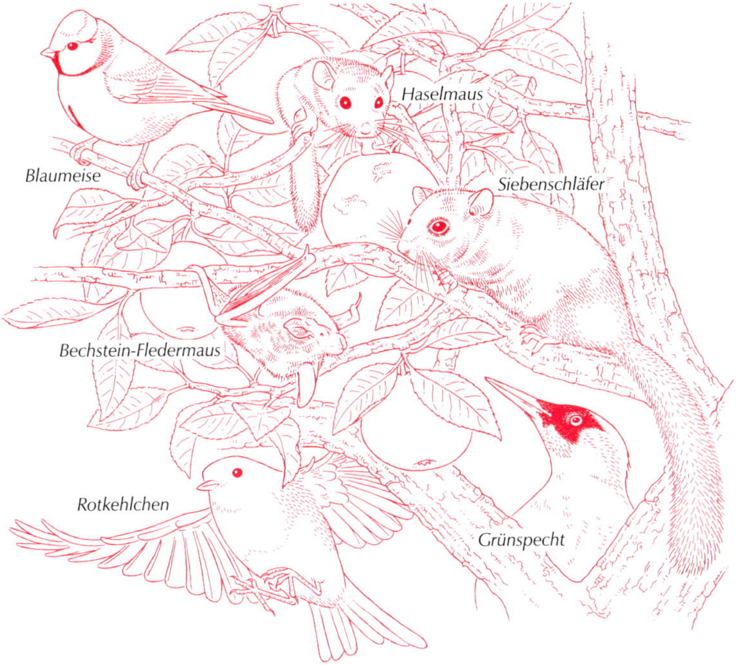

Das Kennen der Arten unserer Landschaft, wie etwa der Obstgärten, ist so wichtig wie die Kenntnis der Herkunft unserer Lebensmittel und der vielfältigen Verbindungen von Küche, Feld und Flur.

Im Rahmen eines Projekttages erhalten Schülerinnen und Schüler Einblick in die Welt der Obstwiesen und ihrer Produkte. Bei einem Besuch auf der Streuobstwiese lernen sie deren Artenvielfalt kennen: Hier können sie nicht nur ganz verschiedene Obstbaumarten und Obstsorten entdecken und kennenlernen, denn gerade die großen alten Bäume mit abgestorbenen Teilen bieten Lebensraum für viele Insekten, Vögel und kleine Säugetiere. Holzwespenlarven ernähren sich von Pilzen im Holz. In den Höhlen alter Stämme brüten Spechte und Steinkäuze. Sogar Fledermäuse und Gartenschläfer finden hier Unterschlupf.

Mit etwas Glück kann man Spechte, Siebenschläfer und eine Vielzahl von blütenbesuchenden Insekten entdecken. Anschließend geht es ans Äpfelauflesen. Einen Teil der Äpfel können die Schülerinnen und Schüler selbst von Hand zu Apfelsaft verarbeiten. Der Rest wird in einer Kelterei gepresst. Zum Abschluss des Projekttages kann jedes der Kinder eine Flasche des frischen Saftes abfüllen und mit nach Hause nehmen.

Zielgruppe

Schüler der 5. Klasse Gymnasium, aber auch für andere Altersstufen und Schularten denkbar

Vorbereitung

Abklärung der Termine für Projektwochen, Ansprache von Partnern bezüglich eines Streuobstgrundstücks und der Begleitung der Aktion, Anfrage bei der Kelterei, Vorbereitung der Themenblöcke, Besorgung einer Handpresse sowie weiterer Geräte und Materialien, Planung der Anreise zur Streuobstwiese

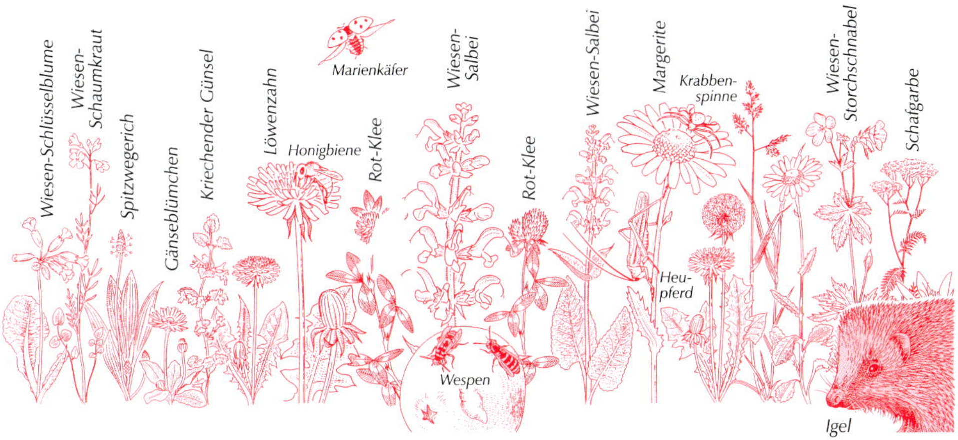

Am Thema Obstgarten lässt sich die faszinierende, bunte Welt der Wiesen an Schülerinnen und Schüler vermitteln.

Partner

Schulleiter, Lehrer, Landwirte, Obst- und Gartenbauverbände, Naturschutzverbände, Keltereien

Ablauf

8.00 Uhr **Begrüßung und Einführung**

8.20 Uhr **Was sind regionale und saisonale Produkte?**
Themenblock

9.30 Uhr **Anreise zu den Streuobstbeständen**
mit ÖPNV und / oder Wanderung

10.30 Uhr **Führung: Was lebt da auf der Streuobstwiese?**

11.00 Uhr **Vesperpause**

11.15 Uhr **Prinz Albrecht und die Schafsnase: Apfelernte**
Die Schülerinnen und Schüler lesen selbst die Äpfel auf, die im Anschluss verarbeitet werden.

12.30 Uhr **Rückreise**
ggf. Abstecher in einer Kelterei

13.30 Uhr	**Pause**
14.00 Uhr	**Gruppenarbeit: waschen, schnippeln, reiben** Vorbereitungen für die Saftpresse; Probieren verschiedener Apfelsorten ggf. Einbau eines weiteren Themenblocks bei großer Gruppengröße
14.45 Uhr	**Apfelsaftpressen mit der Schaupresse**
15.15 Uhr	**Abschlussbesprechung mit Saftprobe** Vergleich des eigenen Apfelsafts mit verschiedenen gekauften Säften
15.30 Uhr	**Ende des Projekttages**

Themen

Regionalität, Saisonalität, Lebensraum Streuobstwiese, Herstellung von Apfelsaft, verschiedene Anbauformen

Ergänzungsoptionen

Besichtigung einer Apfelplantage mit Niederstämmen, Besichtigung einer Kelterei

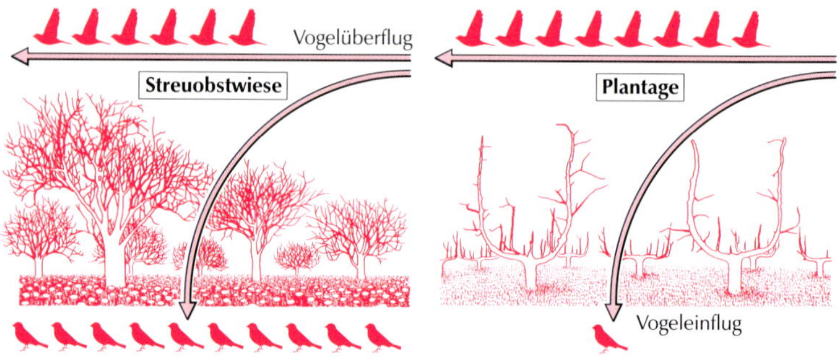

Projekttag: Weinlese

Weinberge sind faszinierende Kulturlandschaftselemente unseres Heimatraums. In Weinbaugebieten gibt es manchen Schulweinberg bzw. Kooperationen zwischen Schule und Winzer. Nach der ganzjährigen Arbeit im Weinberg ist die Weinlese der Höhepunkt. Bei strahlender Oktobersonne machen sich Schülerinnen und Schüler mit großem Arbeitseifer an die Lese ihrer Trauben.
Dabei entdecken sie, dass es verschiedene Traubensorten gibt und diese auch unterschiedlich schmecken oder dass der Zucker im Traubensaft die Finger klebrig macht.
Zunächst geht es natürlich um Riesling, Traminer und Trollinger. Doch der Weinberg beherbergt nicht nur Reben. Eine Vielzahl wärmeliebender Pflanzen- und Tierarten haben hier ihren Lebensraum, finden Unterschlupf an Trockenmauern oder Steinriegeln. Sie können bei einem aufmerksamen Rundgang durch den Weinberg bestaunt werden.
Das stolze Ergebnis der Weinlese wird schließlich vom Weingärtner, Winzer oder einer Kellerei zu eigenem Traubensaft weiterverarbeitet – ein leckeres Getränk für die Mensa oder für Festlichkeiten an der Schule.

Zielgruppe

Schülerinnen und Schüler verschiedener Altersstufen und Schularten

Vorbereitung

Kontaktaufnahme zu Weingärtner bzw. Winzer, Festlegung eines geeigneten Weinbergs, Organisation der Abholung der Trauben und der Weiterverarbeitung, Besorgung von Gerätschaften für die

Lese (Eimer, Rebscheren, Zuber), Vorbereitung möglicher Informationseinheiten, Verpflegung während der Lese

Partner

Weingärtner, Winzer, Kellerei, Weingärtnergenossenschaft, Naturschutzverband

Ablauf

Erkundung des Weinbergs unter Anleitung, Weinlese
Zwischendurch: Vesperpause, ggf. kleine Informationseinheit

Themen

Lebensraum Weinberg, Rebsorten, biologische Vielfalt im Weinberg, biologische Schädlingsbekämpfung

Ergänzungsoption

Besuch einer Kellerei

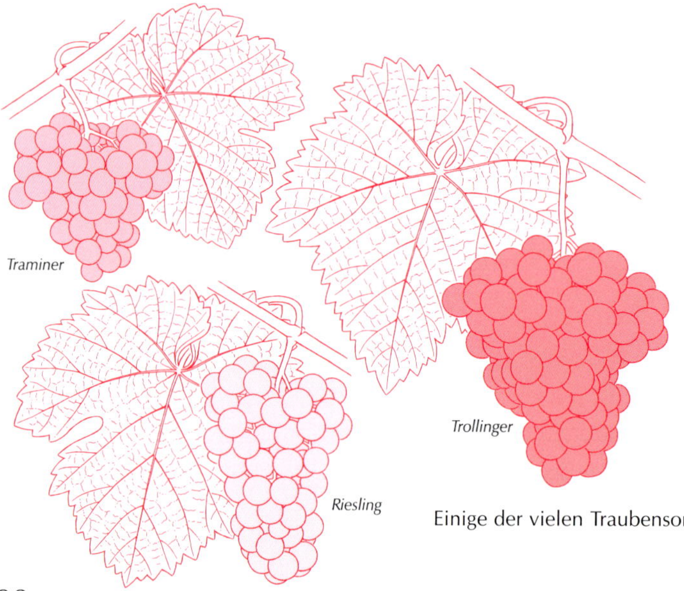

Einige der vielen Traubensorten

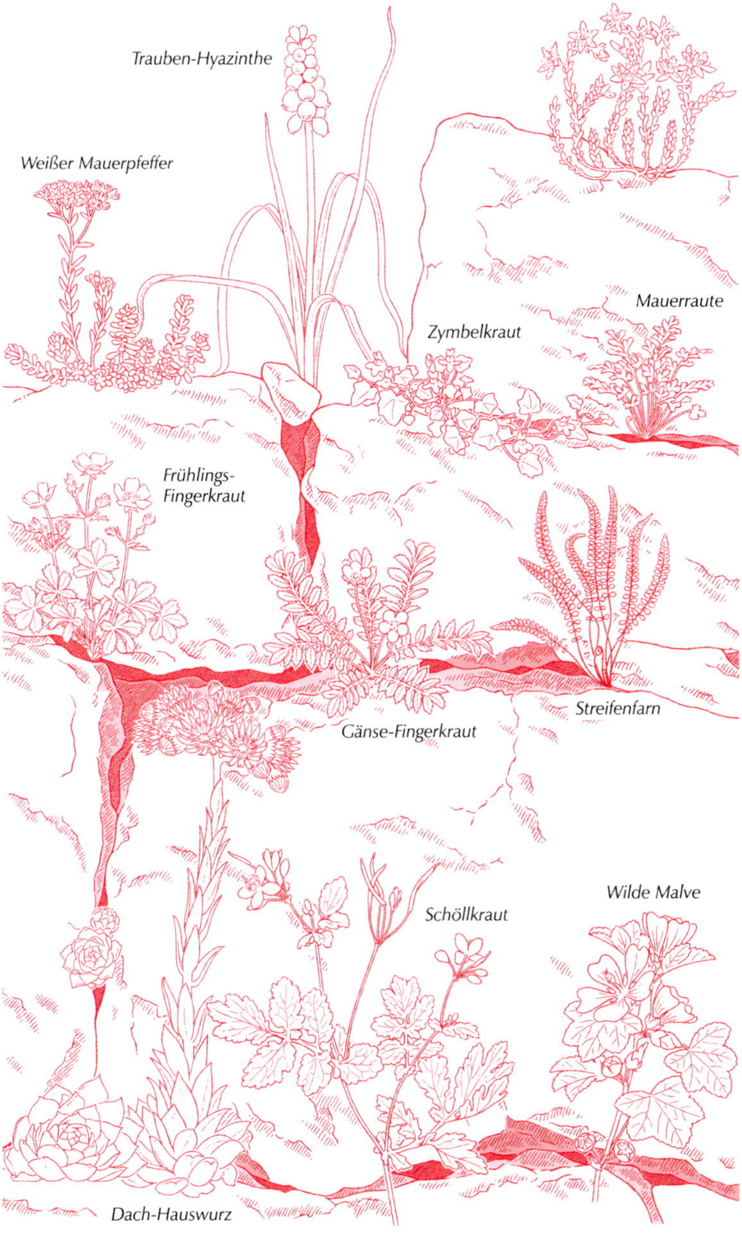

Pflanzen der Mauerkrone

Pflanzen in den Mauerritzen

Pflanzen am Mauerfuß

Typische Pflanzen einer Trockenmauer, wie man sie in manchen Weinbausteillagen noch findet

Projektwoche: Kochkurs (4 Tage)

Unterstützt von Großmüttern, Müttern oder Vertreterinnen der Landfrauen kochen Schülerinnen und Schüler typisch regionale Gerichte, von Kässpätzle über Kartoffelsalat bis hin zu Schneckennudeln aus Hefeteig. Die Zutaten stammten dabei vorwiegend aus heimischer Produktion. Spielend und knobelnd beschäftigten sich die Kochkursteilnehmer im Theorieteil mit Lebensmittelgruppen und Inhaltsstoffen, aber auch mit den Fragen: Was hat Apfelkuchen mit biologischer Vielfalt zu tun oder Obstsalat mit Klimaschutz?

Zielgruppe

Schülerinnen und Schüler der 7. oder 8. Klasse, insbesondere solche, die nicht in den Fächerverbünden Wirtschaft – Arbeit – Gesundheit bzw. Mensch und Umwelt unterrichtet werden

Vorbereitung

Ansprache von Partnern, Raumreservierung (Praxisteil: Küche mit Essgelegenheit, Theorieteil: Unterrichtsraum)
Festlegung der Gerichte und der Kursinhalte, Ausarbeitung der Rezepte, Vorbereitung des Theorieblocks, Besorgung der Materialien und Zutaten

Partner

Großmütter, Mütter, Landfrauenverbände, Lehrkräfte der Fächerverbünde Wirtschaft – Arbeit – Gesundheit bzw. Mensch und Umwelt

Ablauf

Tag 1

Theorie (2 Schulstunden): Herkunft von Lebensmitteln

- Woher kommt mein Obstsalat? – Lebensmittelherkunft, Regionalität, Nahrungsmitteltransport und Klimaschutz
- Nährstoffe in Lebensmitteln

Praxis (3 Schulstunden), Aufteilung in vier Kochgruppen:

- Kartoffelsuppe
- Karottengemüse, Rösti
- Kohlrabi mit Buttersoße, Rösti
- Kaiserschmarren, Apfelmus

Tag 2

Theorie (2 Schulstunden): Lebensmittel und biologische Vielfalt

- Geschmacksvergleich verschiedener traditioneller und „neuer" Apfelsorten (Roter Boskoop, Brettacher, Goldparmäne, Gewürzluiken, Elstar, Idared)
- Lebensraum Obstwiese
- Welcher Apfel eignet sich wofür?
- Rezepte mit Äpfeln

Praxis (3 Schulstunden)

- Fleischküchle, Kartoffelsalat
- Endiviensalat, Obstsalat
- Apfelkuchen
- Schneckennudeln

Tag 3

Theorie (2 Schulstunden): Kräuter und Gewürze

- Geruchstest mit verschiedenen Kräutern und Gewürzen
- Aus welchen Pflanzenteilen werden welche Gewürze hergestellt?
- Der Saisonkalender: Wann darf ich welche Lebensmittel kaufen?

Praxis (3 Schulstunden)

- Gemüsesuppe
- Kässpätzle, Joghurtcreme (Nachtisch)
- Putengeschnetzeltes, Spätzle
- Karottensalat, Rettichsalat

Tag 4

Reflexion und Gestaltung (4 Schulstunden)

- Erstellung und Gestaltung eines persönlichen Kochbuchs aus den Rezepten des Kurses

Themen

Zubereitung traditioneller regionaler Rezepte aus heimischen Zutaten, Verknüpfung von Essen, biologischer Vielfalt, Natur, Landschaft und Umweltschutz, Ernährungslehre, gesunder Ernährung, Herkunft von Zutaten, Bedeutung von Regionalität und Saisonalität

Ergänzungsoptionen

Besuch auf dem Bauernhof

Besichtigung eines lebensmittelhandwerklichen Betriebs

Materialien siehe Kapitel „Vier Jahreszeiten – Arbeitsmaterialien rund um Essen, Natur, Landschaft und biologische Vielfalt".

Kurz skizziert: weitere Anregungen für mögliche Aktivitäten

Mit etwas Kreativität bieten sich sicherlich unzählige weitere Möglichkeiten, den Schülerinnen und Schülern den Themenkomplex rund um Essen, Landwirtschaft, Landschaft, Natur, biologische Vielfalt und nachhaltige Lebensstile nahezubringen.

Mensaeinweihung

Bei der feierlichen Eröffnung der neuen Schulmensa werden unter dem Motto eines natürlichen Lebensraumes die ersten Essen ausgeteilt und mehrere kleine Vorträge geboten.

- Partner: Schulträger, Schulleitung, Gastronomen, Schulmensateam, Landwirte
- Themen: regionale Produkte, vom Lebensraum zum Essen auf dem Tisch, gesunde Ernährung, Ansprache verschiedener lebensraumtypischer Tier- und Pflanzenarten

Projekttag: Schüler auf dem Bauernhof 2

Schülerinnen und Schüler verbringen einen Tag auf dem Bauernhof, helfen mit bei Gartenarbeit, Aussaat, Pflanzung, Ernte, Fütterung der Tiere oder beim Melken. Die geernteten Produkte werden am folgenden Tag selbst gekocht oder in der Schulmensa verarbeitet.

- Partner: Landwirte, Schulmensateam, Lehrer
- Themen: Landwirtschaft und biologische Vielfalt, heimische Nutzpflanzenarten, naturnaher Anbau, Ackerbegleitflora, Bodenschutz

Gemüseturnier

Ein Turnier für die Schüler verbindet Spiele und Bewegung mit verschiedenen Aufgaben rund um das Thema Gemüse.

- Partner: Lehrer, Vertreter von Sportvereinen, Landwirte, Eltern
- Themen: Ernährung, Bewegung und Gesundheit, Energieverbrauch, Nutzpflanzenarten, Transportwege

Skaten am Getreidefeld

Ein Skaterrundlauf (alternativ auch eine Wanderung oder Fahrradtour) führt vorbei an verschiedenen Getreidefeldern. An mehreren Haltestationen unterwegs werden die unterschied-

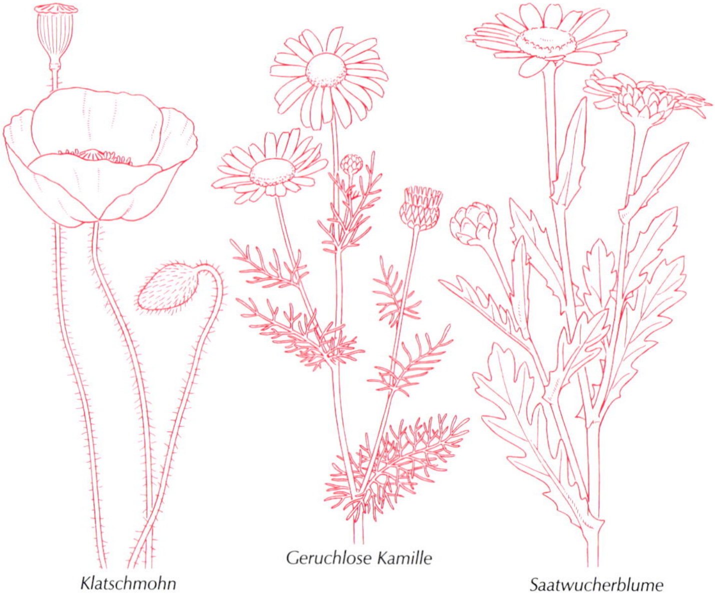

Einst typische Pflanzen der Feldflur

lichen Getreidearten, aber auch die typische Ackerbegleitflora besprochen. Abschluss könnte ein Grillen mit Stockbrot und Maiskolben sein.

- Partner: Landwirte, Naturführer, Eltern, Lehrer
- Themen: Getreidesorten, Ackerbegleitflora, Tierarten in der Feldflur (Feldlerche, Feldgrille, Zwergmaus etc.), Flächenverbrauch durch Verkehrswege, Bewegung, Ernährung und Gesundheit

In der Feldflur zu Hause

Kräuter im Schulgarten

Im Schulgarten werden verschiedene Kräuter angebaut, die dann bei Kochkursen verwendet werden. Dabei lernen die Schülerinnen und Schüler verschiedene Kräuterarten kennen und beobachten, welche Insekten auf den Kräutern leben oder welche wechselseitigen Anpassungen bei Insekten und Pflanzen stattgefunden haben.

- Partner: Landwirte, Gärtner, Naturführer, Eltern, Großeltern, Lehrer
- Pflanzen als Nahrungsquellen für Insekten, heilende Wirkung von Pflanzen, Bewahrung von Pflanzenarten ist auch aus medizinischer Sicht sinnvoll (noch unbekannte Wirkstoffe)

Bachtag

Schülerinnen und Schüler beobachten und entdecken die Tier- und Pflanzenwelt eines Baches, besuchen eine heimische Forellenzucht mit anschließendem Grillen.

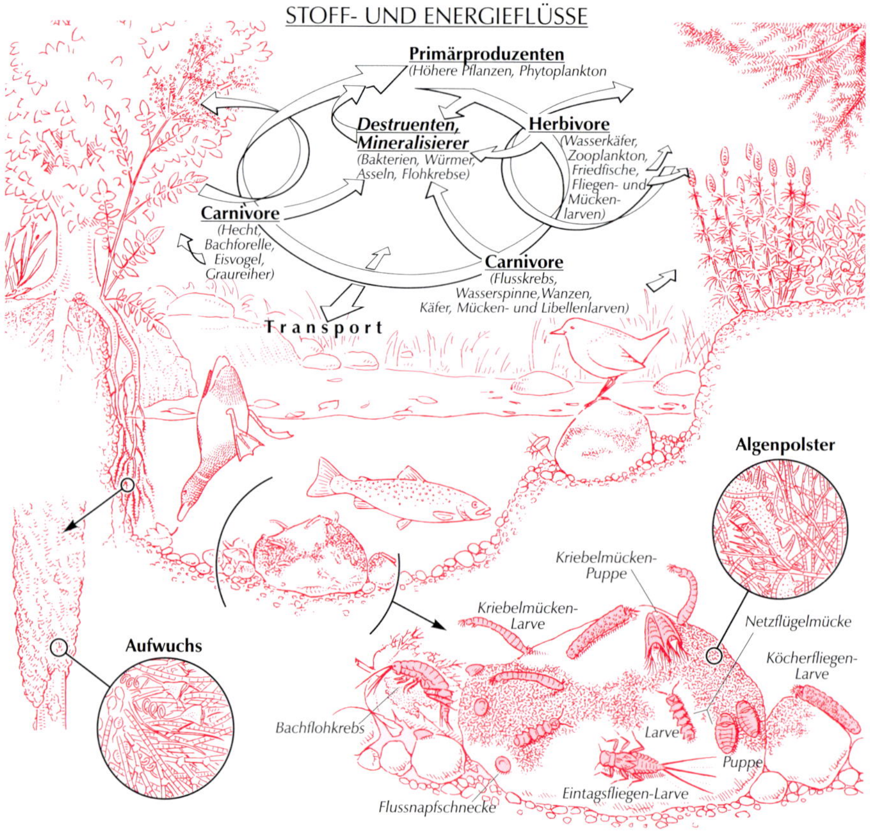

Lebensraum Bach: Was kompliziert aussieht, zeigt sich bei Exkursionen als lebendiges Lernfeld zur Vermittlung des Zusammenhanges zwischen der Forelle als beliebten Speisefisch und deren natürlichem Lebensraum.

- Partner: Naturführer, Forellenzüchter, Angler, Lehrer
- Themen: Wasserkreislauf, Artenkenntnisse im Bereich Fließgewässer, Nahrungskette, Einfluss der Landwirtschaft auf angrenzende Gewässer, Gewässerschutz

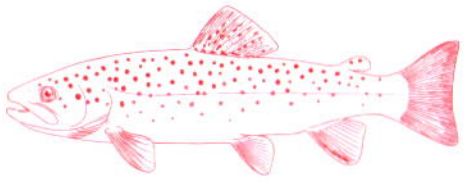

Forelle

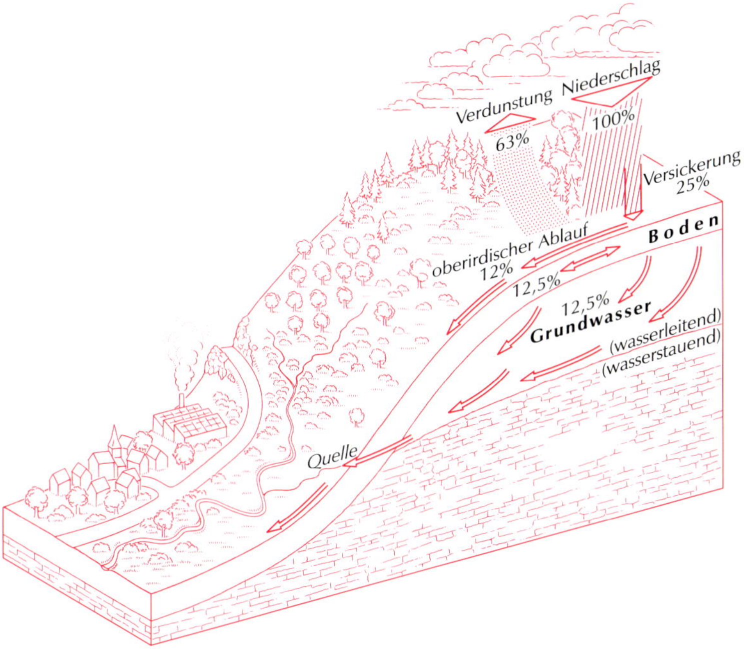

Wer über den Zusammenhang von Essen, Natur, Landschaft und Umwelt Nachhaltigkeit vermitteln will, findet im Themenfeld Wasserkreislauf vielfache Anknüpfungspunkte, so etwa auch zum Thema Boden. Denn ohne intakte Böden gibt es keine gesunden Lebensmittel aus regionaler Produktion.

See-/Weihertag

Schüler beobachten und entdecken an einem Tag die Tier- und Pflanzenwelt eines Sees.

- Partner: Naturführer, Lehrer
- Themen: Wasserkreislauf, Artenkenntnisse, Nahrungskette, Einfluss der Landwirtschaft auf angrenzende Gewässer, Gewässerschutz

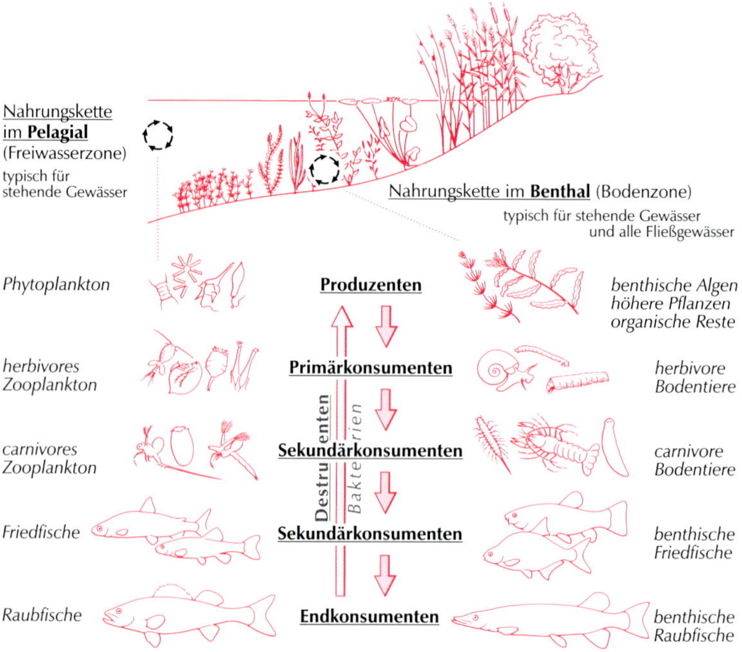

„Fressen und Gefressenwerden" – Nahrungskette in einem Stillgewässer (vereinfachte Darstellung)

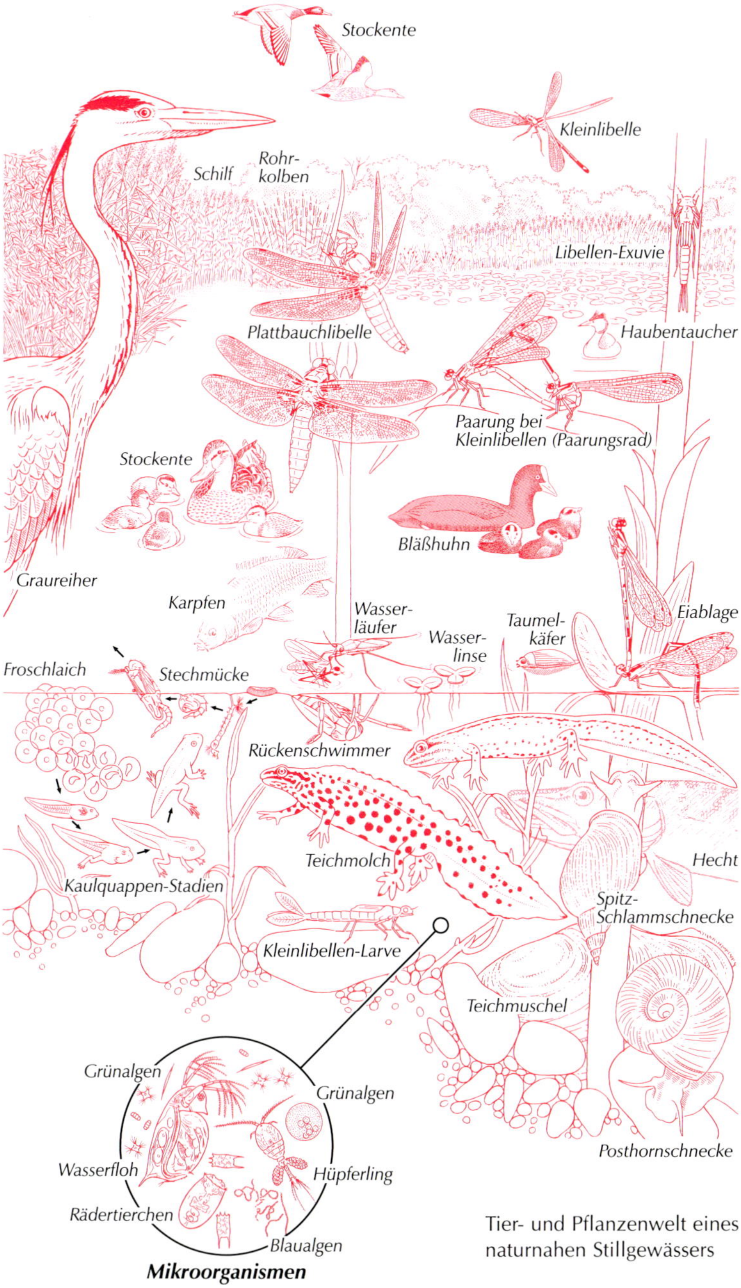

Tier- und Pflanzenwelt eines naturnahen Stillgewässers

Kebab/Pizza/ … mit heimischen Zutaten

Aus regionalen Zutaten wird im Kochunterricht oder bei einer Kochaktion ein Kebab bzw. eine Pizza zusammengestellt. Dabei werden kulturelle Unterschiede in der Küche angesprochen. Es wird aufgezeigt, wie die unterschiedlichen natürlichen Gegebenheiten einer Region die Anbauprodukte und damit auch die Gerichte beeinflussen.

- Partner: Landwirte, türkische/italienische/ … Gastronomen, Lehrer
- Themen: kulturelle Unterschiede in der Küche, Einfluss von Standortfaktoren, Verbreitung von Arten

Natur würzt

An mehreren Tagen werden in der Mensa Gerichte zu verschiedenen Kräutern und Gewürzen angeboten. Parallel dazu kann im Unterricht je nach Klassenstufe besprochen werden, aus welchen Pflanzenteilen die Gewürze hergestellt werden, welche chemischen Stoffe den Geschmack ausmachen oder welche Funktion die Stoffe für die Pflanzen haben.

- Partner: Gastronomen, Mensateam, Gärtner, Kräuterspezialisten, Lehrer
- Themen: Geschmacks- und Geruchsunterschiede, biologische Funktion von „Würzstoffen“, Zusammenhang zwischen Artenvielfalt und Geschmacksvielfalt

Benimmkurs

Bei einem Benimmkurs lernen die Schüler das richtige Benehmen und Respekt – nicht nur bei Tisch. Abschluss ist ein mehrgängiges Menü, bei dem entsprechend getafelt wird.

- Partner: gehobene Gastronomie, Kellner, Lehrer
- Themen: angemessenes Benehmen, respektvoller Umgang mit den Mitmenschen und mit der Natur

Unser Koch erzählt

In regelmäßigen Abständen, etwa einmal pro Woche, präsentiert der Gastronom der Schulmensa eine kurze Anekdote aus seiner Kochlaufbahn oder zu den verwendeten Produkten. Dabei lernen die Schüler den Gastronomen kennen und erfahren gleichzeitig, worauf es beim Kochen ankommt.

- Partner: Gastronom/Belieferer der Schulmensa, Mensaleitung, Mensateam
- Themen: Kochen, Bestandteile von Gerichten, Herkunft von Lebensmitteln

Lebensmittelhandwerk

Bei der Besichtigung eines Betriebes erfahren die Schülerinnen und Schüler, wie einzelne Zutaten und Rohstoffe zu leckeren Lebensmitteln verarbeitet werden. Sie lernen, was ein gesundes Nahrungsmittel ausmacht.

- Partner: Metzgerei, Bäckerei, Molkerei, Nudelfabrik, Lehrer

- Themen: Produktion von Nahrungsmitteln, Nahrungsmittelbestandteile, biologische Produktion, Umsetzung von Natur- und Umweltschutz in Unternehmen

Besichtigung Getreidemühle

Die Besichtigung einer Getreidemühle zeigt den Werdegang vom Korn zum Mehl. In diesem Zusammenhang werden der Aufbau eines Getreidekorns und dessen Nährstoffe, aber auch Besonderheiten verschiedener Mehlsorten besprochen.

- Partner: Landwirte, Getreidemühle, Lehrer
- Themen: Herkunft von Lebensmitteln, Nahrungsmittelbestandteile, biologische Produktion, Getreidearten, Ackerbegleitflora, Mutterkorn

Von der Biene zum Honig

Ein Besuch beim Imker zeigt einerseits den Aufbau eines Bienenstocks und das Verhalten der Honigbienen, andererseits aber auch die verschiedenen Lebensräume, in denen Bienen ihren Honig sammeln. Geschmacklich wird dies durch eine Probe verschiedener Honigsorten verdeutlicht.

Wildbienen

Zwei Beispiele von rund 500 heimischen Arten

- Partner: Imker, Naturführer, Lehrer
- Themen: Honigbienen und Wildbienen, Wiesenpflanzenarten, Stockwerkbau Wiese, Offenhaltung von Landschaft, Zusammenhang zwischen landschaftlicher Vielfalt und geschmacklicher Vielfalt

Lebensraum Wiese: Grundlage für Milch, Honig und vieles mehr!

Streuobstpatenschaft

Die Schüler übernehmen für ein oder mehrere Jahre die Patenschaft für eine Streuobstwiese. Alle anfallenden Arbeiten vom Baumschnitt bis zur Ernte und Verarbeitung des Obstes werden von den Schülern unter Anleitung durchgeführt.

- Partner: Obst- und Gartenbauvereine, Gärtner, Landwirte, Natur- und Umweltschutzverbände, Lehrer
- Themen: Herkunft von Lebensmitteln, Offenhaltung der Landschaft, Artenkenntnisse, Lebensgemeinschaft Streuobstwiese

Kunst in der Mensa

Die Schülerinnen und Schüler fertigen Bilder einheimischer Nutz- und Wildpflanzen an. Diese werden anschließend in der Schulmensa gegliedert nach Lebensräumen ausgestellt. Eine Vernissage mit entsprechender Verpflegung aus regionalen Produkten kann die Verknüpfung von Ernährung, Natur, Landschaft und dem Schutz biologischer Vielfalt verdeutlichen.

- Partner: Lehrer (MeNuK, Musik – Sport – Gestalten, Bildende Kunst), Gastronomen, Mensaleitung, Landwirte
- Themen: Bezug zur heimischen Natur, Artenkenntnisse von Kultur- und Wildpflanzen bestimmter Lebensräume, Verbindung von Landschaft und Essen

Apfelmarkt

Aus selbst geerntetem Obst produzieren die Schüler eigene Produkte (Apfelchips, Dörrobst, Saft, Kuchen etc.). Die Produkte werden im Rahmen einer Schulveranstaltung angeboten bzw. verkauft.

- Partner: Schulleitung, Lehrer, Landfrauenverbände, Landwirte, Gärtner
- Themen: Lebensgemeinschaft Streuobstwiese, Artenkenntnisse (z. B. Steinkauz, Gartenschläfer), Herstellung von Lebensmitteln, regionale Produkte

Alles Apfel

Eine Woche lang werden in der Mensa betont von der Vorspeise bis zum Nachtisch Apfelgerichte (wahlweise auch andere saisonale und regionale Obst- oder Gemüsearten) angeboten. Parallel dazu können die Lehrerinnen und Lehrer im Unterricht das Thema Apfel aufgreifen, etwa bei der Herstellung eines galvanischen Apfels im Physikunterricht oder der Besprechung entsprechender Gedichte im Deutschunterricht.

- Partner: Gastronom, Mensateam, Lehrer
- Themen: alte, seltene Obstsorten, Zusammenhang von biologischer Vielfalt und geschmacklicher Vielfalt, Regionalität und Saisonalität

Backen wie früher

Im Rahmen eines Backkurses entsteht ein kleines, selbst illustriertes Backbuch mit traditionellen Rezepten, gespickt mit Geschichten aus Natur und Heimat.

- Partner: Bäcker, Betreiber von alten Backhäusern, Landfrauenverbände, Großeltern, Lehrer

• Themen: Heimatgeschichte, Getreidesorten, Zusammenhang von Standortfaktoren, Anbauprodukten und traditionellen regionalen Gerichten

Streifzug durch die Weinberge

Eine Exkursion durch naturnahe Weinberge zeigt die typischen Arten der Weinbergflora und -fauna. Die anschließende Besichtigung einer Kellerei mit Saftprobe stellt den direkten Bezug zur Ernährung her.

• Partner: Naturführer, Weingärtner, Winzer, Genossenschaften, Lehrer

• Themen: Lebensraum Weinberg, Artenkenntnisse, Nützlinge im Weinberg, naturnahe Bewirtschaftung, von der Rebe zum Saft

Aktion lebendiger Weinberg

In Kooperation mit einem oder mehreren Weingärtnern pflanzen Schülerinnen und Schüler weinbergtypische Pflanzen und schaffen neue Lebensräume im Weinberg. Parallel dazu werden typische Kräuter bei der Essenszubereitung verwendet, etwa in der Mensaküche.

- Partner: Naturführer, Weingärtner, Winzer, Genossenschaften, Gastronomen, Mensateam, Eltern, Lehrer
- Themen: Gewürze im Weinberg (Salbei, Thymian, Oregano etc.)

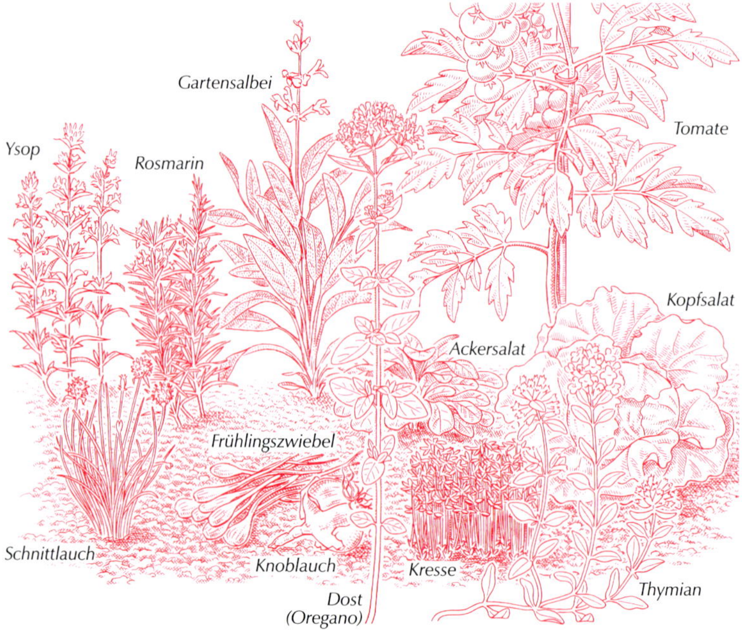

„Aktion Lebendiger Weinberg" – ein Projekt der Umweltakademie Baden-Württemberg

Wie aus Weinbaugebieten vielfältige Naturerlebnislandschaften werden – Natur und Kultur durch Umweltbildung zusammenbringen

Wein – das ist Natur und Kultur, das ist Tradition und Faszination! Besonders im deutschen Südwesten aber auch darüber hinaus sind Wein und Natur uralte Landschaftsgeschichte. Der Weinbau sichert vielen Familien den Lebensunterhalt beziehungsweise verschafft ihnen ein Zusatzeinkommen. Doch Weinbaulandschaften sind nicht nur ökonomisches, sondern auch ökologisches Kapital. Sie haben sowohl als landschaftsprägendes Element der Heimat als auch aus touristischer Sicht weit mehr zu bieten, als man auf den ersten Blick vermutet. Dieses Natur- und Kulturerbe gilt es für kommende Generationen zu erhalten. Die Weingärtner haben vielerlei Möglichkeiten, eine Ansiedlung der weinbergtypischen Tiere und Pflanzen zu unterstützen und damit die Attraktivität der Weinbaugebiete und des Naturprodukts Wein zu erhöhen. Ohne die Beeinträchtigung der Bewirtschaftung kann somit die Identifikation der Konsumenten mit der Landschaft – ob Heimat- oder Urlaubgegend – erhöht werden. Das ist die Kernbotschaft des Projektes. Projekt und Dialogpartner sind die staatliche Weinbauinstitute, die Verbände der Prädikats Weingüter (VDP) Baden-Württemberg, die Weinbauernverbände und viele privaten Weingüter sowie Genossenschaften.
Weiter Informationen: www.lebendiger-weinberg.de Partner sind inzwischen aber auch Schulen, die ihren Schülern im Schulweinberg wieder den Anbau und die Pflege des Reben lehren und gleichzeitig Heimatbewusstsein, Ausdauer und Artenvielfalt vermitteln.

Als ob Kunst nicht auch Natur wäre und Natur Kunst!
Christian Morgenstern

Vier Jahreszeiten – Arbeitsmaterialien rund um Essen, Natur, Landschaft und biologische Vielfalt

Ernährungs- und Nachhaltigkeitsbildung im Laufe des Jahres

Im Hinblick auf eine nachhaltige Ernährung hat die Verwendung regionaler und saisonaler Produkte – dazu aus möglichst naturnahem Anbau – eine große Bedeutung (vgl. Kapitel „Nachhaltige Schulverpflegung – die Verbindung von Ernährung, Wissenserwerb, Selbstkompetenz und Nachhaltigkeit"). Sie unterstützt die örtliche Landwirtschaft, die Erhaltung der heimischen Lebensräume mit ihrer Vielfalt an Tier- und Pflanzenarten ebenso wie kurze Transportwege und somit den Schutz des Klimas.
Folgerichtig zeigen die Informationen und Arbeitsmaterialien dieses Kapitels jahreszeitliche Besonderheiten in und aus der Natur. Die Verknüpfung zum Thema Essen und Ernährung erfolgt nicht zuletzt in einer ausführlichen Zusammenstellung essbarer Kultur- und Wildpflanzen.

Wie wird aus Gemüsekohl Sauerkraut? Welche Pflanzen schützen laut Volksglaube vor Hexen und bösem Zauber? Gibt es vielleicht ein Kraut gegen Liebeskummer? Warum ist die Peperoni scharf? Woher kommt der Mais? Warum stinkt der Wald im Frühjahr nach Knoblauch? Ist Löwenzahn vielleicht doch nicht völlig nutzlos? Wer brachte den Wein nach Deutschland?

Unendlich lang ist die Liste möglicher Fragen zu den „essbaren Früchtchen", aber auch darüber hinaus. Mit den heimischen Gewächsen lassen sich schließlich zahlreiche kulturelle, geschichtliche, biologische oder wirtschaftliche Eigenheiten und Ereignisse verbinden.

Frühjahr

Nach und nach entfalten die Sträucher immer mehr ihres frischen, lindgrünen Laubes und die Obstbäume stellen eine weiße Blütenpracht zur Schau. Doch auch der Klang unserer Umgebung hat sich verändert: Die Luft ist erfüllt vom munteren Zwitschern der Vögel – darunter auch mancher Zugvogel, der bereits aus seinem Überwinterungsgebiet zurückgekehrt ist. Und ein jeder Vogel singt, wie ihm der Schnabel gewachsen ist. So sagt das Sprichwort. Man erkennt ihn an seinem arttypischen Ruf, bereits lange bevor man ihn im Gebüsch oder in einem Baumwipfel erspäht hat. Durchaus lohnenswert kann eine frühmorgendliche Vogelstimmenexkursion sein, bei der man den Gesängen der gefiederten Gesellen lauscht. Morgenstund hat Gold im Mund – um bei den Sprichwörtern zu bleiben. Denn selbst wer sich vielleicht gar nicht so sehr mit Singvögeln auskennt, darf genießen: die duftende Morgenluft, die erwachende Natur und den Spaziergang durch Wald und Wiesen.

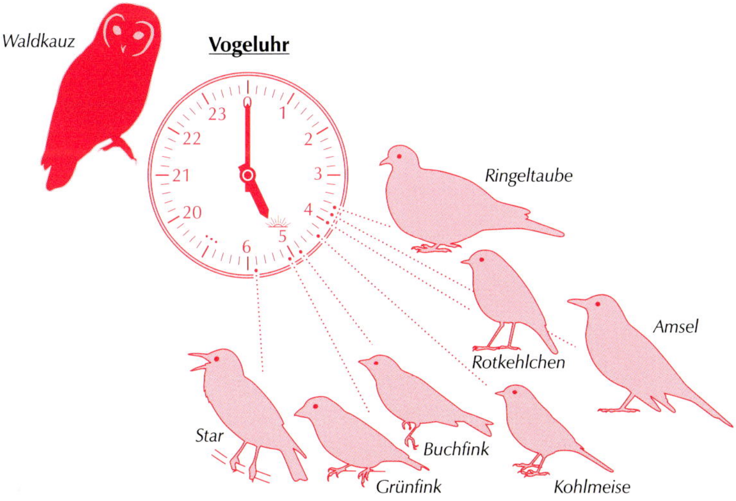

Löwenzahn – Wiesenkräutergenuss zu Ostern

Viele der früh im Jahr erscheinenden Frühlingsblüher sind kulinarische Leckerbissen – so auch der sehr häufig vorkommende Löwenzahn (Taraxacum), von dem es sogar spezielle großwüchsige Züchtungen für die Topgastronomie gibt. Aus einem kurzen Wurzelstock mit Pfahlwurzel wächst im zeitigen Frühjahr eine grundständige Blattrosette. Die Blätter sind spitz gezähnt und haben dem Korbblütler zum Namen verholfen. Sie eignen sich bei jungen, noch nicht blühenden Exemplaren wegen der hohen Konzentration an Vitamin B und C, Mineralien und Spurenelementen sehr gut zum Verzehr. Ein Wildsalat mit Löwenzahnblättern wirkt anregend auf die Galle-, Magensaft- und Bauchspeicheldrüsen und harntreibend – also ein richtiger Muntermacher für den Stoffwechsel und gegen Frühjahrsmüdigkeit.

Löwenzahnsalat als Vorspeise

250 Gramm zarte und junge – das ist sehr wichtig – Löwenzahnblätter (nur von ungespritzten Ackerrändern oder Wiesen) waschen, beliebig schneiden und in einer Salatschüssel ausgehend von einer feinen Salatsoße (mit klein gehackten Zwiebeln, Zitronensaft und Öl, Pfeffer und Salz) mengen.

Noch mehr wilde Salatzutaten

Bachbunge

Veronica beccabunga oder der Wasser-Ehrenpreis mit seinen kleinen, himmelblauen Blüten wächst an Wasserläufen, Gräben oder am Ufer von Seen und Teichen.

Bärlauch

Der Knoblauchverwandte Allium ursinum bedeckt als typischer Frühjahrsgeophyt ab April den Boden schattiger Laubwälder und verströmt hier seinen starken Duft.

Brennnessel

Wer kennt sie nicht, die Brennnessel (Urtica) mit ihren Brennhaaren, wächst sie doch als Zeiger für stickstoffreichen Boden bevorzugt in unserer Nähe. Im Salat macht die Vinaigrette die Nesselhaare unschädlich.

Brunnenkresse

Brunnenkresse (Rorippa nasturtium-aquaticum) ist eine weit verbreitete Sumpf- und Wasserpflanze.

Kapuzinerkresse

Die rankende Große Kapuzinerkresse (Tropaeolum majus) ziert mit ihren beinahe runden Blättern und leuchtend orangefarbenen Blüten im Sommer so manchen Garten.

Sauerampfer

Sauerampfer (Rumex) liebt nährstoffreiche Böden, wächst daher bevorzugt auf gedüngten Wiesen.

Essbare Pflanzen – auch so lässt sich biologische Vielfalt erleben und erklären.

Lebensraum Wiese

Auf dem blattlosen Stängel des Löwenzahns mit seinem weißen Milchsaft, der auf der Haut braune Flecken hinterlässt, wachsen im März und April viele gelbe Zungenblüten auf einem Körbchen. Sie sind willkommene Tankstellen für die ersten nektarsuchenden Insekten wie Wild- und Honigbienen. Jetzt erscheinen auch Tagpfauenauge, Kleiner Fuchs, Zitronenfalter oder Aurorafalter. Letzterer fliegt zur Blütezeit des Wiesenschaumkrautes, seiner Raupenfutterpflanze. Leider werden diese Wiesenschmetterlinge immer seltener. Das liegt vor allem an der Düngung, die schnellwüchsige Gräser und stickstoffliebende Kräuter wie den Löwenzahn begünstigt. Wiesenschmetterlinge brauchen aber gerade für ihre Raupen die Vielfalt ungedüngter, nährstoffarmer Wiesenstandorte.

Zitronenfalter

Tagpfauenauge

Viele Insekten sind auf ganz bestimmte Nahrungspflanzen spezialisiert.

Kleiner Fuchs

Zielgruppe:
höhere Klassenstufen verschiedener Schularten

Landwirtschaft im Vergleich

Anhand vorgegebener Informationen zu verschiedenen Verbänden und landwirtschaftlichen Wirtschaftsweisen werden die wichtigsten Merkmale herausgearbeitet. Folgende Liste kann dabei als Übersicht zum direkten Vergleich der unterschiedlichen Wirtschaftsweisen dienen. Sie kann auch im Zuge einer Betriebsbesichtigung als Interviewgrundlage verwendet werden.

Mögliche Optionen:

Wirtschaftsweise:	konventionell, ökologisch, biologischdyna misch
Wichtige Prinzipien:	hohe Erträge, Kreislaufwirtschaft, technischer Fortschritt, Gentechnik, keine Gentechnik
Anbauweise:	natürliche Regulation, biologische Schädlingsbekämpfung, chemische Schädlingsbekämpfung, mechanische Unkrautbekämpfung, organische Düngung, Stärkung durch Pflanzenpräparate, chemische Mineraldüngung
Tierhaltung:	Futterzukauf, Futterkreislauf, Tiermehlfutter, kein Tiermehlfutter, Massentierhaltung, artgerechte Haltung, geringe Bewegungsfreiheit, Stallhaltung, Freilandhaltung, kurze Transporte, Hormonpräparate, keine Hormonpräparate, prophylaktische Antibiotikagabe, nur akute Antibiotikagabe, pflanzliche und homöopathische Arzneimittel

Fortsetzung S. 130

Wirtschaftsweise	
Prinzipien	
Anbauweise	
Tierhaltung	
Biologische Vielfalt	
Beispiel(e)	

Biologische Vielfalt: Monokultur, Fruchtwechsel, Mischkultur, Hochleistungssorten, alte Sorten, Sorten- und Artenvielfalt, Sorten- und Artenarmut

Beispiele: Bio nach EG-Bio-Verordnung, Demeter, Bioland, Betriebe aus der näheren Umgebung

Fortsetzung S. 131

Essbare heimische Kultur- und Wildpflanzen im Frühjahr

Frühjahr

Artname	Lebensraum	Nutzung	Kultur/Geschichte
Bärlauch **(Allium ursinum)**	Wald	Blätter: Gewürz, Gemüsegerichte	Schon von den Germanen und Kelten kultiviert Bei den Römern als Heilpflanze mit reinigender Wirkung bekannt
Erdbeere **(Fragaria spec.)**	Wald, Garten	Frucht: Obst, Süßspeisen, Marmelade Blätter der Walderdbeere: Tee	Die Walderdbeere wurde bereits in der Steinzeit verzehrt. Großflächiger Anbau von Walderdbeeren seit dem Hochmittelalter Die heutige Gartenerdbeere entstand jedoch erst im 18. Jh. in Holland durch Kreuzung zweier aus Amerika eingeführter Arten.

Themen zur Vertiefung:
Was beinhaltet organische Düngung (Stichworte: Gründüngung, Mist, Gülle, Kompost)? Wie werden Schädlinge biologisch bekämpft? Was spricht für, was gegen Gentechnik? Wo wird Gentechnik schon angewandt? Was bedeutet Kreislaufwirtschaft?

Essbare heimische Kultur- und Wildpflanzen im Frühjahr

Frühjahr

Natur/Biologie	**Wirtschaft/Ökonomie**	**Thematischer Aufhänger**
Lauchart, verwandt mit Zwiebel und Knoblauch Frühjahrsgeophyt; blüht im Wald, bevor die Bäume ihr Laub entfalten Zeiger für nährstoffreiche Böden Achtung: Verwechslungsgefahr mit Blättern von Maiglöckchen und Herbstzeitlosen	In den letzten Jahren verstärkte „Ernte" des Bärlauchs in Wäldern, teilweise sogar Rückgang des Bärlauchbestandes	Bärlauchpesto
Fruchtform: Sammelnussfrucht, das Fruchtfleisch der Scheinbeere wird aus dem Blütenboden gebildet, auf diesem sitzen die eigentlichen Früchte, kleine, braune Nüsschen Frucht: Rotfärbung durch Anthocyane, reich an Vitamin C Walderdbeere (F. vesca): Erdbeere im Miniformat, von Mai bis Juni auf lichten Stellen im Wald, in Gehölzen oder Gebüschen anzutreffen Verbreitung: durch Tiere – Füchse, Igel, Eichhörnchen, Vögel, Schnecken etc. – und durch Ausbildung von Ausläufern		

Artname	Lebensraum	Nutzung	Kultur/Geschichte
Große Brennnessel **(Urtica dioica)**	Wald, Waldrand, Garten	Blätter und junge Triebe: Tee, Gemüse (z. B. in Pfannkuchen)	Alter Volksglaube: Brennnessel als Schutz vor Blitz, Feuer, Hexen und Teufeln Verwendung der faserreichen Brennnessel zur Herstellung von Seilen, Schnüren und Gewebe im Mittelalter und auch noch im Zweiten Weltkrieg für Armeekleidung Verwendung der Wurzel als Färbekraut für Gelb- und Grüntöne Heilwirkung: harntreibend, stoffwechselanregend
Knoblauchrauke **(Alliaria petiolata)**	Wald, Waldrand, Gebüsch, Garten	Blätter: Salat, Gewürz	Früher auch Anbau als Gewürzpflanze
Löwenzahn **(Taraxacum officinale)**	Wiese	Junge Blätter: Salat Blüten: Brotaufstrich Wurzel: Ersatzkaffee	Zweiter Weltkrieg: Löwenzahnsaft als Kautschukersatz, Nachkriegszeit: Herstellung von Ersatzkaffee aus der Löwenzahnwurzel Unzählige Namen: Pusteblume, Bettsoicher, Bettschisser, Butterblume etc. Heilmittel: stoffwechselanregend
Schwarzer Holunder **(Sambucus nigra)**	Wald, Waldrand, Gebüsch	Blüte: Holunderküchle, Holundersirup Blüte/Rinde: Tee Frucht: Holundersaft	Heiliger Baum bei den Kelten und Germanen
Wiesen-Sauerampfer **(Rumex acetosa)**	Wiese	Junge Blätter: Salat, Suppe, Blattgemüse	Mittel gegen Skorbut bei mittelalterlichen Seefahrern (reich an Vitamin-C) Heilmittel bei Verdauungsbeschwerden

Natur/Biologie	Wirtschaft/Ökonomie	Thematischer Aufhänger
Ruderalpflanze (weist auf stickstoffreiche Böden in Siedlungsnähe und nach menschlicher Nutzung hin) Ameisensäurehaltige Brennhaare als Schutz gegen Tierfraß Wichtige Nahrungspflanze für etliche Schmetterlingsraupen (Kleiner Fuchs, Admiral, Tagpfauenauge u. a.) Brennnesseljauche zum Spritzen gegen Blattläuse Reich an Gerbstoffen, Mineralstoffen und Vitaminen	In den letzten Jahren verstärkte „Ernte" des Bärlauchs in Wäldern, teilweise sogar Rückgang des Bärlauchbestandes	Biologische Schädlingsbekämpfung Mikroskopie: Brennhaare
Knoblauchgeschmack durch Senfölglykosid (Sinigrin) und ätherische Öle		Heilkräuter (stoffwechselanregend, verdauungsfördernd, schleimlösend, antiseptisch)
Korbblütler Unterscheidung von ähnlichen Gattungen: hohler Stängel mit Milchsaft Vorkommen zahlreicher schwer zu unterscheidender Arten Frucht: Flugnüsschen Ruderalpflanze (weist auf stickstoffreiche Böden in Siedlungsnähe und nach menschlicher Nutzung hin)		Löwenzahnsalat Kautschukersatz, Ersatzkaffee (Geschichte) Namensvielfalt, Mundart, Sprachentwicklung (Deutsch)
Früchte besonders Vitamin-C-reich, vielfache Heilwirkungen, z. B. gegen Erkältung oder bei Magenbeschwerden		Holundersirup ansetzen, Holunderküchle backen Holunderpfeifen basteln, Männchen aus Holundermark basteln
Saurer Geschmack: Oxalsäure (Ethandisäure, in höherer Konzentration giftig) Zeigerpflanze für Gülle gedüngte Grünländer		Seefahrt (Geschichte) Oxalsäure (Chemie)

Sommer

Der Sommer hält Einzug, bepackt meist mit einem großen Sack voll Freizeit, der einlädt, Natur und Umgebung zu erkunden. Gerade jetzt lässt sich wunderbar das Heranreifen kleiner kulinarischer Köstlichkeiten entdecken: leckere Himbeeren am Waldesrand, Salat aus dem eigenen Garten oder die ersten reifen Apfelsorten.
Die Natur steckt bereits alle Kraft in die Vorbereitung auf die kommenden kargen Jahreszeiten: Samen werden produziert, Vorratsspeicher aufgefüllt. Auf den abgeernteten Getreidefeldern entdeckt man zahlreiche Vögel, die die liegen gebliebenen Körner picken, und mit etwas Glück vielleicht auch einen hakenschlagenden Feld-

hasen. Schon im August treten etliche Zugvögel, wie der Kuckuck oder der Mauersegler, ihre Reise in wärmere Gefilde an.

Im Folgenden geht es um Tipps, wie spielerisch Naturwissen als Basis für nachhaltigen Konsum erworben werden kann.

Obst- und Gemüsequiz

Zielgruppe: Klassenstufe 5/6

Zwei bis drei Mannschaften treten gegeneinander an bei diesem Wissensquiz rund um das Thema „Obst und Gemüse“ und beantworten im Wechsel die gestellten Fragen. Die Mannschaft, die an der Reihe ist, wählt Kategorie (z. B. „Freche Früchtchen“) und Schwierigkeitsgrad (entsprechend der Punktzahl) der Frage selbst aus. Wird die Frage richtig beantwortet, erhält sie die Punkte. Bei falscher Antwort wird die Frage an die nächste Gruppe weitergegeben. Sieger ist, wer am Schluss die meisten Punkte gesammelt hat. Etwas sportlicher, aber auch langwieriger wird die Angelegenheit, wenn man auf einem Spielplan die Frage „abwerfen“ muss, etwa mit einem Dartpfeil.

Natur/Biologie	**Wirtschaft/Ökonomie**	**Thematischer**
20	20	20
40	40	40
60	60	60
80	80	80
100	100	100

Freche Früchtchen	**Weite Wege**	**Heimweh**
20 Die Zucchini wächst … a) … auf einem Baum wie der Apfel. b) … unter der Erde wie die Rübe. c) … über der Erde wie die Bohne.	20 Wenn wir im Laden Zitronen kaufen, kommen diese meist aus … a) Nordamerika. b) China. c) dem Mittelmeergebiet.	20 Ganz ursprünglich stammt die Kartoffel aus Südamerika. Nach Europa kam sie … a) … vor 450 Jahren. b) … vor 250 Jahren. c) … vor 50 Jahren.
40 Wo sitzen die Samen der Erdbeere? a) Die Erdbeere hat gar keine Samen. b) Außen an der Beere. c) Innen in der Beere.	40 Die Kiwi wird heute vor allem in Neuseeland angebaut. In Neuseeland lebt auch ein Tier mit dem Namen Kiwi. Der Kiwi ist … a) ein Vogel. b) ein Beutelhund. c) ein Kaninchen.	40 Joker

Freche Früchtchen	Weite Wege	Heimweh
60 Joker	60 Wenn wir im Laden Ananas kaufen, kommt diese meist aus … a) … Australien. b) … Indien. c) … Afrika.	60 Der Mais wurde von den spanischen Seefahrern nach Europa gebracht. Ursprünglich stammt er aus … a) … Russland. b) … Mexiko. c) … Arabien.
80 Den Apfel im Herbst kennt jeder. Aber wie sehen denn im Frühjahr die Apfelblüten aus? Sie sind … a) … weißrosa mit gelben Staubblättern b) … gelb mit roten Staubblättern. c) … weiß mit schwarzen Staubblättern.	80 Joker	80 Schon in der Jungsteinzeit aßen die Menschen in Mitteleuropa … a) … Paprika. b) … Tomaten. c) … Erbsen.
100 Der Kürbis ist … a) … eine Steinfrucht (wie die Pflaume). b) … eine Beere (wie die Stachelbeere). c) … gar keine Frucht.	100 Wenn wir im Laden Bananen kaufen, kommen diese meist aus Südamerika. Von dort werden sie … a) … mit dem Zug … b) … mit dem Schiff … c) … mit dem Flugzeug nach Europa transportiert.	100 Die ursprüngliche Heimat der Orange liegt in … a) … Spanien. b) … Südafrika. c) … China.

Auflösung:

Freche Früchtchen:	20c, 40b, 80a, 100b
Weite Wege:	20c, 40a, 60c, 100b
Heimweh:	20a, 60b, 80c, 100c

Sommergedicht

Ein grünes Blatt

Ein Blatt aus sommerlichen Tagen,
Ich nahm es so im Wandern mit,
Auf daß es einst mir möge sagen,
Wie laut die Nachtigall geschlagen,
Wie grün der Wald, den ich durchschritt.
(Theodor Storm)

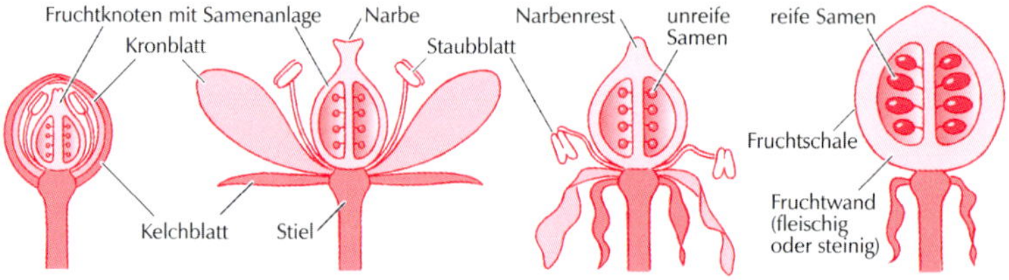

Zielgruppe: Klassenstufen 9–11

Von Beeren und anderen Früchten

Eine Frucht entwickelt sich aus der Blüte, oft nur aus einem Fruchtknoten. Sie besteht dann aus dem Samen und einer Fruchtwand. Manchmal sind aber auch mehrere Fruchtknoten und andere Teile der Blüte an der Bildung der Frucht beteiligt. Es gibt daher ganz verschiedene Fruchtformen.

Was für ein Früchtchen bist du denn?

Viele Früchte, die wir „Beeren“ nennen, gehören im biologischen Sinne anderen Fruchtformen an. Ordne die unten genannten „Früchte“ den entsprechenden Fruchtformen zu!

Erdbeere, Himbeere, Brombeere, Stachelbeere, Johannisbeere, Heidelbeere, Kirsche, Tomate, Gurke, Haselnuss

Beere: entsteht aus einem einzigen Fruchtknoten | die ganze Fruchtwand ist fleischig oder häutig | viele Beeren enthalten mehrere Samen. __________

Steinfrucht: entsteht aus einem Fruchtknoten | Fruchtwand: innerste Schicht holzig oder ledrig, mittlere Schicht fleischigsaftig, äußere Schicht häutig | meist nur ein Samen. __________

Nussfrucht: entsteht aus einem Fruchtknoten | die gesamte Fruchtwand ist holzig | meist nur ein Samen. __________

Sammelsteinfrucht: entsteht aus vielen Fruchtknoten | viele kleine Steinfrüchtchen sind zu einer größeren Einheit verwachsen. __________

Sammelnussfrucht: entsteht aus vielen Fruchtknoten | oft bildet der ursprüngliche Blütenboden das „Fruchtfleisch“, dem die vielen kleinen Nüsschen aufsitzen. __________

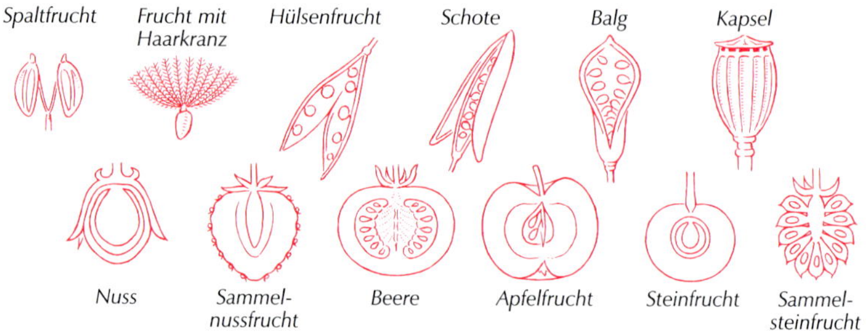

Auflösung: Beere = Johannisbeere, Stachelbeere, Heidelbeere, Tomate, Gurke | Steinfrucht = Kirsche | Sammelsteinfrucht = Himbeere, Brombeere | Sammelnussfrucht = Erdbeere.
Weitere Fruchtformen sind: Balgfrucht, Kapsel, Schote, Hülse …

Holla, Holunder und Frau Holle

Sommer – die Zeit der Beerenreife. Besonders schön beobachten lässt sie sich etwa am wohlbekannten Schwarzen Holunder (Sambucus nigra), einem etwa acht Meter hohen, robusten Strauch, der

häufig an Wegrändern und auf Waldlichtungen anzutreffen ist. Im Juni schmückt er sich noch mit großen, weißen, intensiv duftenden Rispenblüten, die in Pfannkuchenteig getaucht und in der Pfanne ausgebacken, leckere „Holunderküchle" ergeben. Schon bald entwickeln sich daraus kleine, grüne „Beeren" (in Wirklichkeit: Steinfrüchte!), die bis September an den Rispen zu dunklen Früchten reifen und schließlich von Vögeln verbreitet werden. Die „Holunderbeeren" enthalten viel Vitamin A und C sowie Zucker. Zu Saft eingekocht sollen sie gegen Erkältung wirken, sind aber im rohen Zustand leicht giftig.
Übrigens: Wer geschickt ist mit dem Taschenmesser, höhlt die mit weißem Mark gefüllten Zweige aus und schnitzt sich eine „Holunderpfeife". Benannt ist der Holunder nach der germanischen Göttin Holla – bekannt auch als Frau Holle aus dem gleichnamigen Grimm-Märchen. Der Holunder soll ihr Lieblingsbaum gewesen sein und mit etwas Fantasie erinnern dessen Blüten ja auch an große, weiße Schneeflocken.

Von Ähren, Halmen und Rispen – ein kurzer Getreidesteckbrief

Zwischen 9000 und 6000 vor Christus, als in weiten Teilen Europas Jäger und Sammler durch die Wälder streiften, kannten die alten Kulturen Ägyptens, Mesopotamiens, Syriens, Palästinas und Kleinasiens schon den Getreideanbau. So gilt das Gebiet des „fruchtbaren Halbmondes" als Ursprungsgebiet der meisten europäischen Kulturpflanzen. Hier wachsen auch die Wildformen von Einkorn und Emmer, zweier Weizenvorfahren.
Vermutlich hatte alles begonnen, als Menschen die Früchte von gesammeltem Urgetreide wie Wildhafer, Wildemmer, Wildeinkorn, Bergroggen, Wildgerste, Rispen- oder Grünhirse zufällig in der

Nähe ihrer Behausungen aussäten, die Wildgräser auf dem nährstoffreicheren Boden größere Körner hervorbrachten und sich untereinander kreuzten.

Steckbriefe

Emmer: Triticum dicoccon | „Ur-Weizen" | Fruchtstand: Ähre mit Grannen | heute kaum noch angebaut.

(Weich-) Weizen: Triticum aestivum | Fruchtstand: aufrechte Ähre ohne Grannen, vierzeilig | Standort: humusreiche, kalkhaltige Lehmböden | Verwendung: Weizenbier, Brot, Grieß, Nudeln.

Dinkel: Triticum spelta | Weizenvorläufer | Fruchtstand: Ähre ohne Grannen | Standort: weniger frostempfindlich als Weizen, auch auf schlechteren Böden | Verwendung: Brot, Teigwaren.

Gerste: Hordeum vulgare | Fruchtstand: Ähre mit langen Grannen, zweizeilig oder mehrzeilig | Verwendung: Futtergerste (Wintergerste), Bierherstellung (Sommergerste), im Mittelalter als Gerstenbrei oder Graupen auch Hauptnahrungsmittel.

Roggen: Secale cereale | Fruchtstand: Ähre mit kürzeren Grannen | Verwendung: Brot, Futtergetreide.

Hafer: Avena sativa | Fruchtstand: Rispe | Standort: gemäßigtes Klima, ausreichend Niederschlag | Verwendung: Haferflocken, Tierfutter.

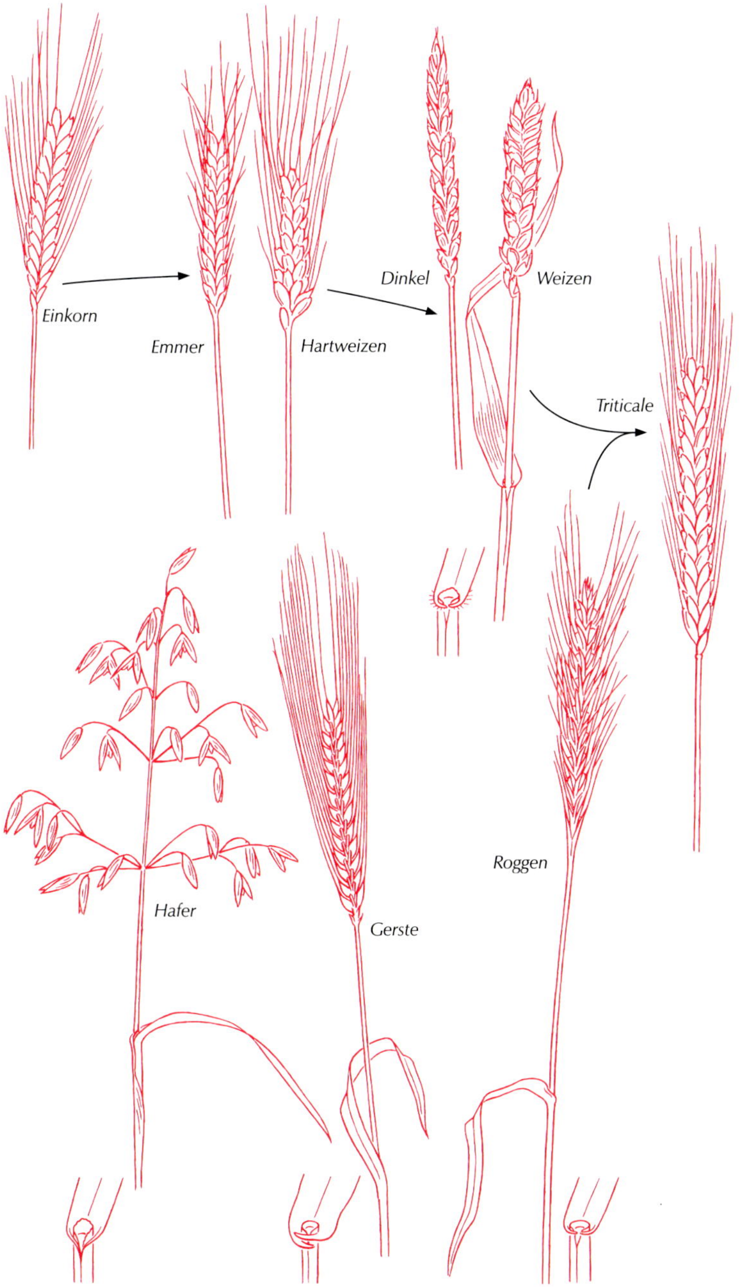

Einkorn
Emmer
Hartweizen
Dinkel
Weizen
Triticale
Hafer
Gerste
Roggen

Mais: Zea mays | Fruchtstand: Kolben, von Blattscheiden umhüllt | Verwendung: bei uns fast ausschließlich Futtermais, früher auch zum Brotbacken | Herkunft: Mexiko.

Weitere „echte" Getreidesorten: Einkorn (Triticum monococcum), Hartweizen (Triticum durum), Triticale (Kreuzung aus Weizen und Roggen), Reis (Oryza), Hirse (mehrere Gattungen).
„Ersatzgetreide": gehören nicht zu den Süßgräsern, wie etwa Buchweizen (Fagopyrum esculentum), ein Knöterichgewächs, das auch in der französischen Küche für Pfannkuchen (Galettes) verwendet wird.

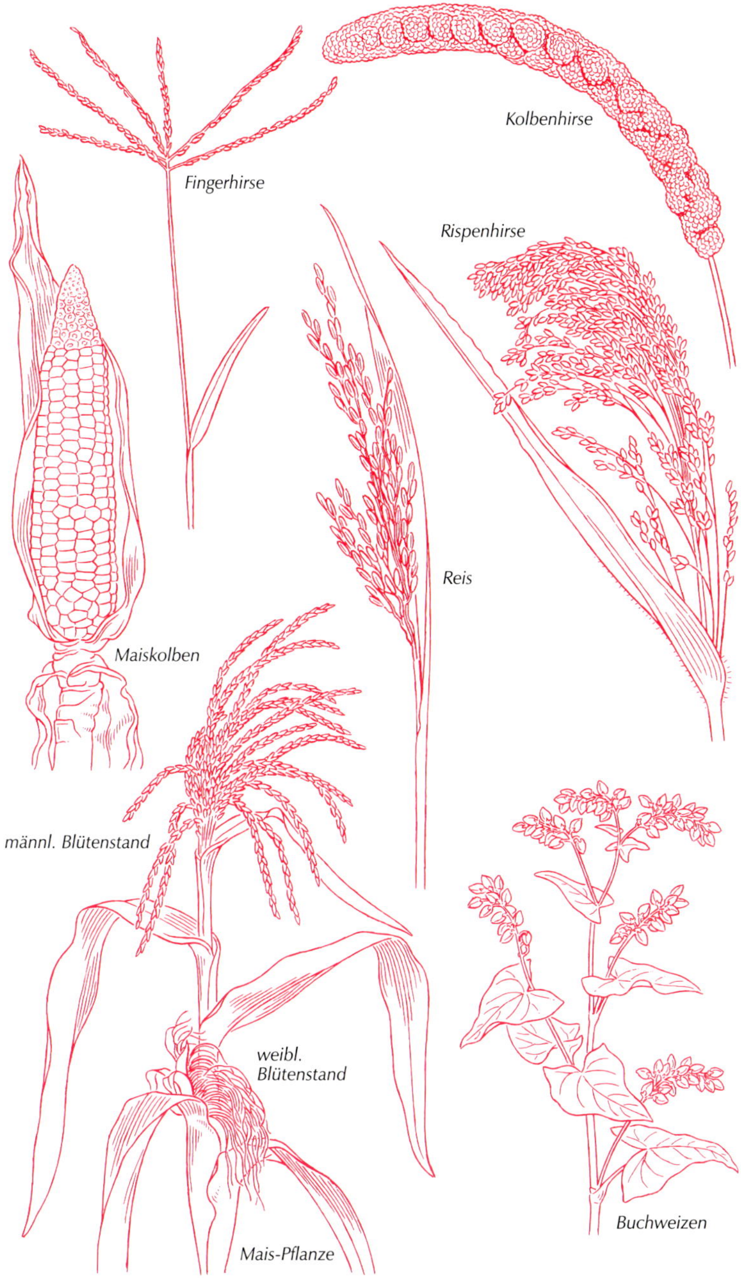
Kolbenhirse
Fingerhirse
Rispenhirse
Reis
Maiskolben
männl. Blütenstand
weibl. Blütenstand
Buchweizen
Mais-Pflanze

Essbare heimische Kultur- und Wildpflanzen im Sommer

Frühsommer

Artname	Lebensraum	Nutzung	Kultur/Geschichte
Erdbeere **(Fragaria spec.)**	Wald, Waldrand, Garten	Frucht: Obst, Süßspeisen, Marmelade Blätter der Walderdbeere: Tee	Die Walderdbeere wurde bereits in der Steinzeit verzehrt. Großflächiger Anbau von Walderdbeeren seit dem Hochmittelalter Die heutige Gartenerdbeere entstand jedoch erst im 18. Jh. in Holland durch Kreuzung zweier aus Amerika eingeführter Arten.
Raps **(Brassica napus)**	Feld	Samen: Speiseöl; Rapsölkraftstoff, Biodiesel; Rapskuchen (Pressrückstand) als Viehfutter	

Essbare heimische Kultur- und Wildpflanzen im Sommer

Frühsommer

Natur/Biologie	Wirtschaft/Ökonomie	Thematischer Aufhänger
Fruchtform: Sammelnussfrucht, das Fruchtfleisch der Scheinbeere wird aus dem Blütenboden gebildet, auf diesem sitzen die eigentlichen Früchte, kleine, braune Nüsschen Frucht: Rotfärbung durch Anthocyane, reich an Vitamin C Walderdbeere (F. vesca): Erdbeere im Miniformat, von Mai bis Juni auf lichten Stellen im Wald, in Gehölzen oder Gebüschen anzutreffen Verbreitung: durch Tiere – Füchse, Igel, Eichhörnchen, Vögel, Schnecken etc. – und durch Ausbildung von Ausläufern		
Kreuzblütler Herkunft: Vorderasien	Ölpflanze: Bitteres Rapsöl ursprünglich vorwiegend zur Gewinnung von Brennöl, als Speiseöl nur in Notzeiten, Neuzüchtungen in den 1970er-Jahren mit nur wenigen Bitterstoffen ermöglichen auch Speiseölherstellung; außerdem Verarbeitung zu Biodiesel (Rapsmethylester) und in der chemischen Industrie (Farben, Kunststoffe, Tenside)	Öle und Fette Ausdehnung des Anbaus von Ölpflanzen Veresterung, Biodiesel Biokunststoffe

Essbare heimische Kultur- und Wildpflanzen im Sommer

Hochsommer

Artname	Lebensraum	Nutzung	Kultur/Geschichte
Basilikum **(Ocimum basilicum)**	Garten	Blätter: Gewürz, Teezutat	Herkunft: wahrscheinlich Vorderasien Basilikumkränze als Grabbeigabe bei den Ägyptern In Mitteleuropa seit dem Mittelalter angebaut Altes Heilmittel: krampflösend, verdauungsfördernd, als Tee
Brombeere **(Rubus fruticosus)**	Wald, Waldrand	Frucht: Obst, Süßspeisen, Marmelade Blätter: Tee	Alte Heilpflanze (Tee) und Färbemittel (graue und braune Farbtöne durch Blätter und frische Triebe)
Erbse **(Pisum sativum)**	Feld, Garten	Samen oder ganze Frucht: Gemüsegerichte, Eintöpfe, Speisestärke ganze Pflanze: Tierfutter (Erbsenstroh)	Herkunft: Vorderasien Anbau seit dem Neolithikum, Ausbreitung auf ganz Europa Gregor Mendel (1822–1884): empirische Kreuzungsversuche mit verschiedenen Erbsensorten
Gartenbohne **(Phaseolus vulgaris)**	Feld, Garten	Samen oder ganze Frucht: Gemüse, Salat, Suppen, Eintöpfe	Herkunft: Südamerika Mit dem Kürbis älteste Nutzpflanzen Amerikas, traditioneller Anbau Verdrängte in der Neuzeit die bis dahin in Europa angebaute Ackerbohne (Vicia faba) weitgehend.

Essbare heimische Kultur- und Wildpflanzen im Sommer

Hochsommer

Natur/Biologie	**Wirtschaft/Ökonomie**	**Thematischer Aufhänger**
Lippenblütler Reich an ätherischen Ölen	Wichtige Anbauregionen: Mittelmeerraum, Asien, Mittel- und Südamerika, Kalifornien	Pizza Mittelmeerraum
Frucht: Sammelsteinfrucht Nitratzeiger, halbschattige Standorte		Marmelade einkochen, heimischer Obstsalat
Hülsenfrüchtler/Schmetterlingsblütler Rankende Pflanze: gefiederte Blätter mit Blattranken reich an Proteinen enthalten Phytoöstrogene: pflanzliche Stoffe mit östrogenähnlicher Wirkung	Verwendung der sogenannten Amylase-Erbse als nachwachsender Rohstoff	Sekundäre Pflanzenstoffe: Phytoöstrogene Genetik/Vererbung/ Gregor Mendel
Hülsenfrüchtler/Schmetterlingsblütler Früchte: sehr proteinreich, in rohem Zustand allerdings giftig (Phasin) Sortenvielfalt zeigt sich in verschiedenen Bohnenformen von klein bis groß und von schwarz über rot bis weiß Kernbohnen: einzelne Samen Grüne Bohnen: ganze Hülsenfrüchte in unreifem Zustand Wurzelknöllchen: Symbiose mit stickstofffixierenden Bakterien		Gründüngung mit Leguminosen (Hülsenfrüchtlern)

Artname	Lebensraum	Nutzung	Kultur/Geschichte
Gurke **(Cucumis sativus)**	Feld, Garten	rohe Frucht: Salat eingelegte Frucht: saure Gurken gekochte Frucht: v.a. in indischen Gerichten	Ursprung: wahrscheinlich Indien
Himbeere **(Rubus idaeus)**	Wald, Waldrand	Frucht: Obst, Süßspeisen, Marmelade Blätter: Tee	Alte Heilpflanze, etwa als entzündungshemmender Tee
Kirsche **(Prunus avium bzw. cerasus)**	Wald, Waldrand, Gebüsch, Obstwiese	Frucht: Obst, Kuchen, Nachtische, Saft, Schnaps Fruchtkern: Kirschkernkissen	Kulturpflanze schon bei den Römern Herkunft: vermutlich Schwarzmeerraum
Linse **(Lens culinaris)**	Feld, Garten	Samen: Gemüse, Suppen	Herkunft: Mittelmeerraum, Grundnahrungsmittel schon seit der Jungsteinzeit, heute weit verbreitet
Minze **(Mentha spec.)**	Wald, Wiese (verschiedene wilde Arten), Garten	Blätter: Tee, Gewürz (insbes. in der orientalischen Küche)	Verwendung von Minze in kultischen Zeremonien schon bei den Ägyptern Herkunft der Pfefferminze: England, Entstehung wahrscheinlich im 17. Jh. Heilwirkung der Pfefferminze: krampflösend, bei Magen-Darm-Erkrankungen

Natur/Biologie	Wirtschaft/Ökonomie	Thematischer Aufhänger
Kürbisgewächs Fruchtform: Beere sehr kältetolerant Pflanze wächst am Boden liegend und rankend (Ranken in Blattachsel)	Anbau von Gemüsegurken: vorwiegend im Gewächshaus, Salatgurken: vorwiegend im Freiland 1988 EU-Norm schreibt den Krümmungsgrad für Gurken der Klasse Extra vor, im Sommer 2009 soll die Vermarktungsnorm abgeschafft werden	Gemüse nach Norm?
Frucht: Sammelsteinfrucht Nitratzeiger, Pionierpflanze auf Waldlichtungen, liebt Halbschatten		Marmelade einkochen, heimischer Obstsalat
Frucht: Steinfrucht Süßkirsche (Prunus avium) und Sauerkirsche (Prunus cerasus) Wild vorkommend vor allem an Rändern von Laub- und Mischwäldern Sortenvielfalt: Farbe, Form, Größe der Früchte	Holz. Verwendung als Möbelholz	Herstellung von Kirschkernkissen
Hülsenfrüchtler / Schmetterlingsblütler Sortenreichtum: diverse Farben und Größen Hoher Eiweißgehalt		
Lippenblütler Bekannteste Art: Pfefferminze (Mentha piperita), wächst selten wild – im Gegensatz zu anderen Minzearten Reich an ätherischen Ölen, Gerbstoffen und Flavonoiden Artenvielfalt zeigt sich auch in der Duftvielfalt		Orientalische Küche, Heilkräuter Geruchstest: verschiedene Minzarten Heilkräuter

Artname	Lebensraum	Nutzung	Kultur/Geschichte
Oregano **(Origanum vulgare)**	Wald, Waldrand, Wiese, Weinberg, Garten	Ganze Pflanze: Gewürz	Andere Namen: wilder Majoran, gewöhnlicher Dost Alter Volksglaube: Allheilmittel, Zauberabwehr, als Einlage im Brautschuh oder im Brautstrauß Tatsächliche Heilwirkung: bei Verdauungsbeschwerden und Atemwegerkrankungen
Paprika **(Capsicum)**	Feld, Garten	Frucht: Salate, Gemüsegerichte, Gewürz, Gewürzsoßen	Herkunft Südamerika/Mittelamerika Alles eine Pflanzenart: Paprika, Peperoni, Peperoncini, Pfefferoni, Chili, Cayennepfeffer, roter Pfeffer Milde Gemüsepaprika erst in den 1950er-Jahren gezüchtet
Petersilie **(Petroselinum crispum)**	Garten	Blätter (z. T. auch Wurzel): Gewürz	Herkunft: östliches Mittelmeergebiet, heute weit verbreitet Kult im alten Ägypten: Bestattung der Toten mit Kränzen aus Petersilie Schon bei den Griechen und Römern: Verwendung der Samen als Arzneimittel mit harntreibender Wirkung Volksglaube: Petersilie als Liebeskraut
Rosmarin **(Rosmarinus officinalis)**	Garten, Weinberg	Nicht verholzte Triebspitzen, Blätter: Gewürz Ätherische Öle: Parfüm	Kultische Bedeutung bei den Ägyptern, Römern und Griechen: Verwendung für den Totenkult, aber auch für Siegeskränze Volksglaube: Rosmarinzweige als Schutz vor bösen Geistern und als Glücksbringer Heilwirkung: anregend
Rote Johannisbeere **(Ribes rubrum)**	(Wald, Gebüsch), Garten	Frucht: Obst, Kuchen, Saft, Gelee	

Natur/Biologie	Wirtschaft/Ökonomie	Thematischer Aufhänger
Lippenblütler Standorte: trocken, warm, kalkreich, in lichten Wäldern, an Wegrändern oder in Trockenrasen Reich an ätherischen Ölen (Thymol, Cymol, etc.) und Bitterstoffen		Pizza Mittelmeerraum Heilkräuter: ein Mittel gegen Liebeskummer
Nachtschattengewächs Schärfe durch Inhaltsstoff Capsaicin Viele Variationen unterschiedlicher Größe, Farbe und Schärfe Fruchtform: Beere (auch wenn als „Paprikaschote" bezeichnet)	Capsaicin als medizinischer Wirk-stoff gegen Rheuma (ABC-Pflaster), Hexen-schuss, Migräne Anbau in Deutschland meist im Gewächshaus	Schärfetest Red Hot Chili Peppers
Doldenblütler Reich an ätherischen Ölen, Mineralstoffen und Vitamin C Samen enthalten giftiges Apiol Sortenvarianten mit unterschiedlich krausen Blättern		Heilkräuter
Lippenblütler Immergrüne Pflanze mit schmalen, nadelartigen Blättern Reich an ätherischen Ölen (Verwendung als Weih-rauchersatz), Gerb- und Bitterstoffen, Saponine Harz	Rosmarinöl als wichtiger Bestandteil von Kölnisch Wasser	Mittelmeerraum Sekundäre Pflanzenstoffe
Stachelbeergewächs, mehrjähriger Strauch ohne Stacheln Frucht: Beere		Marmelade einkochen

Artname	Lebensraum	Nutzung	Kultur/Geschichte
Schwarzer Holunder **(Sambucus nigra)**	Wald, Waldrand, Gebüsch, Garten	Blüte: Holunderküchle, Holundersirup Blüte/Rinde: Tee Frucht: Holundersaft	Heiliger Baum bei den Kelten und Germanen
Sonnenblume **(Helianthus annuus)**	Feld, Garten	Samen: Kerne für Brot oder Müsli; Sonnenblumenöl; Schmieröl, Treibstoffe; Vogelfutter ganze Pflanze: Zierblume; Futterpflanze	
Stachelbeere **(Ribes uvacrispa)**	Wald, Gebüsch, Garten	Frucht: Kuchen, Marmelade	
Thymian **(Thymus spec.)**	Wegrand, Wiese, Mauer, Weinberg, Garten	Blättchen: Gewürz Ätherische Öle: Parfüm	Mittelalter: Verwendung als schmerzstillende und schleimlösende Heilpflanze
Tomate **(Solanum lycopersicum)**	Feld, Garten	Frucht: Salat, Soßen, Suppen, Tomatenmark, Ketchup	Herkunft: Südamerika Einführung in Europa nach Entdeckung Amerikas, zunächst vor allem als Zierpflanze

Natur/Biologie	Wirtschaft/Ökonomie	Thematischer Aufhänger
Früchte besonders Vitamin-C-reich, vielfache Heilwirkungen, z. B. gegen Erkältung oder bei Magenbeschwerden		Holundersirup ansetzen, Holunderküchle backen Holunderpfeifen basteln, Männchen aus Holundermark basteln
Korbblütler Herkunft: Nord- und Mittelamerika Heliotropismus: Ausrichtung der Blütenknospen und Blätter nach der Sonne Sonnenblumenkerne mit hohem Anteil ungesättigter Fettsäuren	Nutzung der Kerne auch als Kaffeeersatz	Mathematik: Spirale der Einzelblüten einer Korbblüte ergibt sich aus der Fibonacci-Folge
Stachelbeergewächs, mehrjähriger Strauch mit Stacheln Als Wildpflanze auch auf nährstoffreichen Standorten in Hecken, Gebüschen und Wäldern vorkommend Frucht: Beere, meist behaart		Marmelade einkochen
Lippenblütler Diverse Arten mit Vorkommen in Europa, Afrika, Asien, insbesondere auf trockenen, hellen Standorten Besondere Artenvielfalt im Mittelmeerraum Reich an ätherischen Ölen (Thymol u. a.), Gerb- und Bitterstoffen, Harzen		Heilkräuter Mittelmeerraum
Nachtschattengewächs Frucht: Beere mit hohem Wassergehalt, kalorienarm, vitaminreich Grüne Pflanzenteile sind giftig! (Stoff: Tomatidin) Sortenvielfalt: Fruchtform (rund bis länglich), Fruchtfarbe (rot, gelb, violett, schwarz …)	Obwohl Ende der 1980er Jahre die Anti-Matsch-Tomate entwickelt wurde, fand diese keinen Absatzmarkt!	Pizza backen Kreuzfahrt (Geschichte) Gentechnologie, Gentomate (Anti-Matsch-Tomate), Zuchtziele

Artname	Lebensraum	Nutzung	Kultur/Geschichte
Zitronenmelisse **(Melissa officinalis)**	Wald, Garten	Blätter: Tee, Gewürz Ätherische Öle: Parfüm	Herkunft: vorderer Orient Im Mittelmeerraum schon im Altertum weit verbreitet In Mitteleuropa im Mittelalter in den Klostergärten angebaut Bis heute als Lockmittel und Futterpflanze für Bienen geschätzt Heilwirkung: beruhigend, krampflösend
Zucchini **(Cucurbita pepo ssp. pepo convar. giromontiina)**	Feld, Garten	Frucht: Gemüsegerichte	Herkunft: Europa, wahrscheinlich Italien, durch Züchtung aus dem Gartenkürbis entstanden Zucchino = italienisch: kleiner Kürbis
Zwiebel **(Allium cepa)**	Feld, Garten	Zwiebel: Gewürz (roh oder gekocht)	Herkunft: Mittelasien Kultivierung schon seit 5000 Jahren Ägypten: Zwiebelreste als Grabbeigabe im Grab des Tutenchamun Mittelalter: Zwiebelamulett soll vor Pest schützen Altes Heilmittel gegen Erkältung, diverse weitere Heilwirkungen

Essbare heimische Kultur- und Wildpflanzen im Sommer

Spätsommer

Dinkel **(Triticum spelta)**	Feld	Frucht: Brot, Grünkernprodukte	Hauptgetreideart in Mitteleuropa bis Anfang des 19. Jh. Baden-Württemberg / Schwaben als ein traditionelles Anbaugebiet

Natur/Biologie	Wirtschaft/Ökonomie	Thematischer Aufhänger
Lippenblütler Reich an ätherischen Ölen, Gerb- und Bitterstoffen		Heilkräuter
Unterart des Gartenkürbisses		Gefüllte Zucchini
Lauchgewächs Zwiebel: keine Frucht, sondern unterirdisches Organ aus Speicherblättern Fraßschutz: Die Aminosäure Alliin wird bei Zerstörung der Zwiebelzellen durch das Enzym Alliinase zersetzt. Die dabei entstehenden Stoffe reizen die Schleimhäute und erzeugen den typischen Zwiebelgeruch.		Mikroskopie: Zellen des Zwiebelhäutchens Warum weint man beim Zwiebelschneiden? Aminosäuren, enzymatische Reaktion

Essbare heimische Kultur- und Wildpflanzen im Sommer

Spätsommer

Alte Weizenart, Vorfahre des Weichweizens (ebenfalls 2 n 42), besitzt noch eine etwas brüchige Ährenspindel und Körner, die fest mit der Spelze verwachsen sind Anspruchsloser als Saatweizen	Grünkern: vor der Reife geerntet und bei 100–120 °C getrocknet	Grünkernküchle

Artname	Lebensraum	Nutzung	Kultur/Geschichte
Gerste **(Hordeum vulgare)**	Feld	Frucht/Samen: Bier, Whiskey, Grieß, Malzkaffee; Tierfutter Gerstengras: Tierfutter; Nahrungsergänzungsmittel	Herkunft: vorderer Orient, östliches Balkangebiet
Heidelbeere **(Vaccinium myrtillus)**	Wald, Heide	Frucht: Kompott, Marmelade, Kuchen, Eis	Andere Namen: Blaubeere, Schwarzbeere, Waldbeere
Mirabelle **(Prunus domestica)**	Garten	Frucht: Obst, Kuchen, Nachtische, Marmelade, Likör, Schnaps	Anderer Name: gelbe Zwetschge Herkunft: vermutlich Kleinasien
Pfirsich **(Prunus persica)**	Weinberg, Garten	Frucht: Obst, Nachtisch	Herkunft: China, aber schon zu Römerzeiten in Mitteleuropa
Roggen **(Secale cereale)**	Feld	Frucht/Samen: Brot, Korn, edler Wodka; Viehfutter Halme: Strohmatten, Papier, Zellstoff (Stroh) etc.	Herkunft: Vorderasien
Saathafer **(Avena sativa)**	Feld	Frucht/Samen: Müsli, Haferflocken, Brei; Futtergetreide Halme: Tierfutter etc.	Herkunft: wahrscheinlich Europa, ursprünglich als sekundäre Kulturpflanze auf Gersten- oder Weizenfeldern Heilwirkung: Einsatz bei Magen-Darm-Verstimmungen und als Diätikum

Natur/Biologie	Wirtschaft/Ökonomie	Thematischer Aufhänger
Fruchtstand: Ähre mit langen Grannen	Wintergerste: Aussaat im September/Oktober, Tierfutter Sommergerste: Aussaat im März/April, Bierbrauen	Bierbrauen, alkoholische Gärung (Biologie, Chemie)
Heidekrautgewächs Zwergstrauch, wächst auf nährstoffarmen, sauren Böden, in Heide- und Moorlandschaften oder in lichten Wäldern Frucht: Beere, vitaminhaltig, Blaufärbung durch Anthocyane		
Unterart der Pflaume Frucht: Steinfrucht, reich an Kalium, Vitamin B und C		
Frucht: Steinfrucht, Kern giftig durch Amygdalin (setzt Blausäure frei) Wärmeliebend		Weinbergpfirsich Ägyptische Antike: Hinrichtung durch Pfirsichkerne (Geschichte)
Fruchtstand: Ähre mit Grannen Wächst im Vergleich mit anderen Getreidesorten auch in kühleren, trockeneren Gebieten mit Sandböden	Aussaat im Oktober, Ernte im August Anbau vor allem in Mittel- und Osteuropa	Pumpernickel wichtigstes Brotgetreide der Germanen (Geschichte)
Fruchtstand: Rispe Nährstoffreichtum: Proteine, Fett, Vitamine, Mineralstoffe, insbesondere Eisen	Anbau vor allem in Mittelgebirgsregionen Anbaurückgang: weniger Hafer als Pferdefutter benötigt, andere Getreidesorten bringen höheren Ertrag	Müsli

Artname	Lebensraum	Nutzung	Kultur/Geschichte
Weizen **(Triticum spec.)**	Feld	Frucht/Samen: Brot, Brötchen, Kuchen, Grieß, Stärke, Teigwaren, Weizenbier, Korn, Weizenkeimöl; Viehfutter Halme: Tiereinstreu, Bau- und Dämmstoff etc.	Herkunft: Kleinasien, Zentralasien, Äthiopien
Zwetschge **(Prunus domestica)**	Obstwiese, Garten	Frucht: Obst, Kuchen, Nachtische, Marmelade, Mus, Schnaps	Anbau bereits bei den Griechen im 7. Jh. v. Chr. Einfuhr nach Mitteleuropa in der Römerzeit

Natur/Biologie	Wirtschaft/Ökonomie	Thematischer Aufhänger
Gattung von Süßgräsern mit mehreren Arten mit unterschiedlichem Chromosomensatz, z. B. Einkorn (T. monococcum, 2 n = 14), Emmer (T. dicoccum, 2 n = 28), Hartweizen (T. durum, 2 n = 28), Saatweizen (T. aestivum, 2 n = 42) Ähre der Wildformen brüchig und noch mit Grannen (zur Verbreitung der Körner), in Kultur immer weniger brüchig und Körner ohne Grannen	Winterweizen: Aussaat zwischen September und Dezember Sommerweizen: Aussaat im Frühjahr, ertragsärmer, aber proteinreicher In Deutschland am häufigsten produziertes Getreide, weltweit nach Mais und Reis an dritter Stelle Hauptproduzenten: China, Indien, USA, Russland, Frankreich	Genetik, Chromosomensätze, Züchtung Neolithikum: Mensch wird sesshaft (Geschichte) Nordamerika: Great Plains (Geografie, Englisch)
Unterart der Pflaume Frucht: Steinfrucht Sortenvielfalt: Größe, Aroma und Form der Früchte	Verwendung des Holzes für Schmuck und Intarsien	

Herbst

Es ist Herbst. Ganz nach dem Zwiebelschalenprinzip mummen wir uns ein in dickere Jacken, Schals, Wollmützen, Handschuhe und gefütterte Stiefel und stapfen … bei strahlendem Sonnenschein, milden Temperaturen und Vogelgezwitscher durch eine Landschaft, in der der Winter so schnell keinen Einzug halten mag. Wir richten einen kritischen Blick gen Himmel in der Hoffnung, es könnte doch noch irgendwoher eine Schneeflocke zu uns finden. Schließlich entscheiden wir uns jedoch dafür, ein bis zwei Schichten unserer Kleidung abzulegen und in einem Straßencafé einen Cappuccino zu trinken.
Verkehrte Welt? Keiner kann wohl mit Sicherheit sagen, welches ungewöhnliche Wettergeschehen nun dem Klimawandel zuzuordnen ist und welches einer „völlig normalen Unregelmäßigkeit". Dennoch lassen uns die gehäuften Unregelmäßigkeiten aufhorchen.
Glücklicherweise ist der Herbst auch die Jahreszeit zahlreicher leckerer Früchte. Äpfel und Kürbisse etwa können in vielen Variationen zubereitet werden, sind vitaminreich und gesund. Heimische Früchte, Klimaschutz und Biodiversität – diese Themen lassen sich beim Sammeln, Kochen und Verzehren leicht ansprechen und vertiefen.

Rund um den Kürbis

Nicht zuletzt dank der Invasion des nordamerikanischen oder ursprünglich irischen Halloween-Festes in Europa kommt dem Kürbis inzwischen die gebührende Aufmerksamkeit zu. Er eignet sich einerseits wunderbar als Material für gruselige Fratzen, andererseits aber auch als gesunde Zutat für Herbstrezepte – sei es nun als Suppe oder als Beilage.

Kürbis-Quiz: Hättest du's gewusst?

Zielgruppe: Klassenstufen 9–11

Aus welchem Erdteil kommt die Kürbispflanze?

☐ Australien ☐ Afrika ☐ Südamerika

Botanisch gesehen ist der Kürbis…

☐ … eine Beere ☐ … eine Nussfrucht ☐ …eine Schote

Welche Farbe hat die Blüte der Kürbispflanze?

☐ Blau ☐ Gelb ☐ Rosa

Mit welcher der folgenden Früchte ist der Kürbis eng verwandt?

☐ Tomate ☐ Gurke ☐ Paprika

Auf welcher japanischen Hauptinsel wurde eine berühmte Kürbissorte gezüchtet?

☐ Honshu ☐ Kyushu ☐ Hokkaido

Kürbisfleisch ist gesund: Es enthält viel(e)…

☐ Fett ☐ Vitamine ☐ Proteine

Antworten zum Quiz

Der Kürbis wächst ursprünglich in Mittel- und Südamerika. Im 16. Jahrhundert wurde er von portugiesischen Seefahrern nach Europa eingeführt.
Die Kürbisfrucht zählt, ähnlich wie Johannisbeere, Gurke, Tomate, Paprika oder Banane zu den Beeren. Alle Fruchtwandschichten (Endokarp, Mesokarp und Exokarp) sind bei den Beeren fleischig oder häutig. Einige der uns als „Beeren" bekannten Früchte zählen dagegen botanisch zu anderen Fruchtformen: Erdbeere (Sammelnussfrucht), Himbeere und Brombeere (Sammelsteinfrüchte).
Der Kürbis hat eine große, gelbe Blüte.
Neben der Gurke zählen auch Zucchini und Melonen zur Familie der Kürbisgewächse (Cucurbitaceae).
In der Gattung der Kürbisse gibt es unzählige Arten, Unterarten und Sorten. Der Hokkaidokürbis ist eine Varietät des Riesenkürbis (Cucurbita maxima). Sie wurde erst nach der Ende des 19. Jahrhunderts erfolgten Einführung des Kürbisses in Japan gezüchtet und nach einer der Hauptinseln benannt.

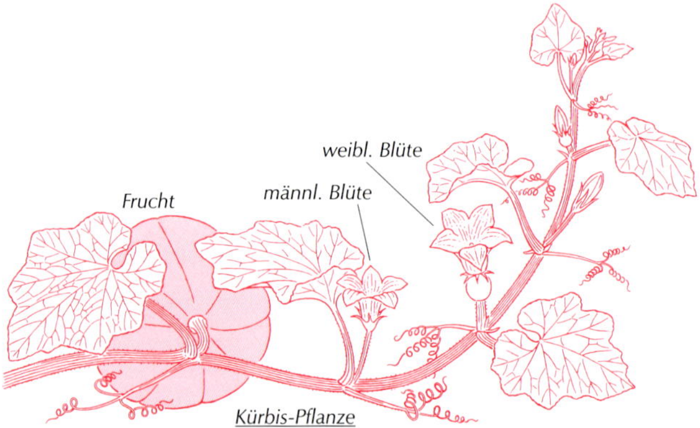

Kürbis-Pflanze

Ein Kürbis besteht zu 95 % aus Wasser. Mit nur etwa 26 Kalorien pro 100 Gramm ist sein Fleisch besonders kalorienarm. Darüber hinaus ist der Kürbis reich an Vitamin A, C und E, aber auch an Kalium und Magnesium.

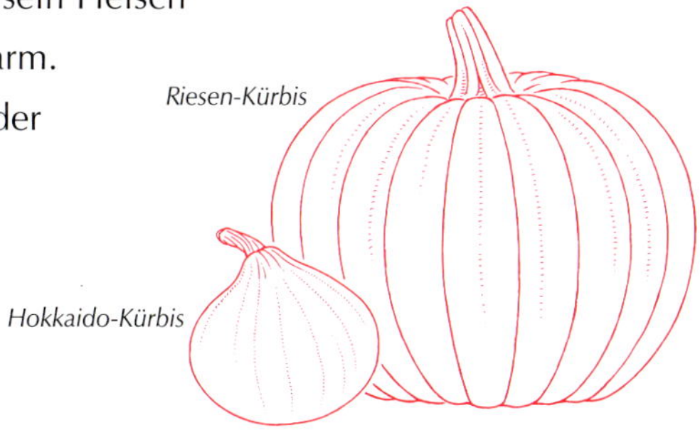

In Vorbereitung auf die nächste Kürbissaison sollten die Samen des Kürbisses nicht weggeworfen werden. Im nächsten Frühjahr in die Erde gesteckt – besonders gut eignet sich der Komposthaufen –, reifen im Herbst die großen „Beeren".

Kürbis ganz lecker: Kürbissuppe

(Rezept für vier Personen)

Zutaten:
1 kg Kürbis
1 Stückchen Ingwer
40 g Butter
1 l Gemüsebrühe
100 g Sahne
100 ml Milch
1 TL Curry
Salz, Pfeffer, Chilipulver

Zubereitung:
Den Kürbis halbieren, die Samen entfernen und dann den Kürbis in Stücke schneiden. Ingwer schälen und fein würfeln. Butter im Topf erhitzen. Kürbis und Ingwer darin kurz andünsten. Gemüsebrühe dazugeben und ca. 20 Minuten köcheln lassen. Sobald das Kürbisfleisch weich ist, Milch und Sahne dazugeben, die Suppe mit dem Mixstab pürieren und mit Curry, Salz, Pfeffer und nach Geschmack auch etwas Chilipulver abschmecken. Etwas Zurückhaltung ist bei der Schärfe geboten – Kinder reagieren auf scharfes Essen oft sensibler als Erwachsene.

Übrigens: Die Schale des Kürbisses kann einfach mitgekocht werden. Das erleichtert die Schneidearbeit an der in rohem Zustand recht harten Frucht.

Heimisches Obst und Klimaschutz

Noch bis in den Winter hinein können Äpfel bei regionalen Erzeugern bezogen werden. Ganz nebenbei lässt sich an diesen Früchten wunderbar verdeutlichen, wie der Schutz unseres Klimas auch mit unserem Essen zusammenhängt und was Apfelmus mit Biodiversität – also mit der Vielfalt unserer Tier- und Pflanzenarten – zu tun hat.

Es ist durchaus eine Überlegung wert,

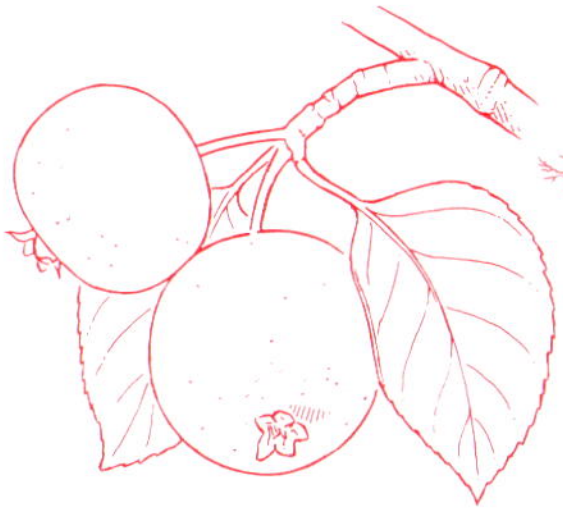

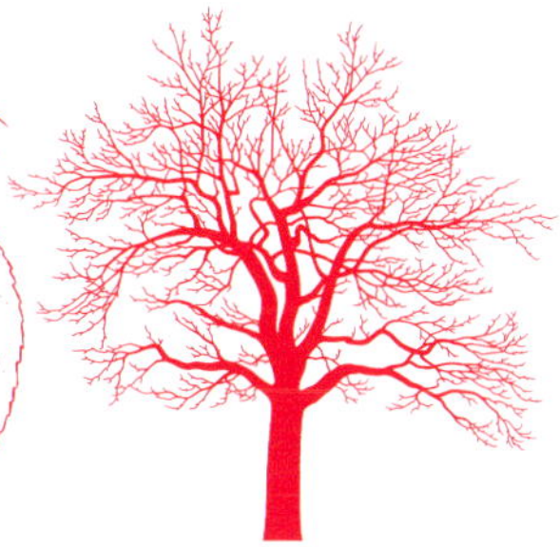

welche Strecken die „klassischen" Früchte etwa eines Obstsalates beim Transport mit Schiff, Flugzeug oder Lkw zurüklegen mussten.
Mit einer stark vereinfachten Vorlage können Schülerinnen und Schüler die Transportstrecke ihres Obstsalates berechnen.
Welcher Obstsalat hat den weitesten Weg zurückgelegt? Ist ein solcher „Rekord" wirklich erstrebenswert?
Kommt das Gespräch dann auf den Benzin- und Energieverbrauch beim Transport, leuchtet schnell ein, dass man durch die Wahl seines Essens auch einen Beitrag zum Umwelt- und Klimaschutz leisten kann.

Und vielleicht hat auch der eine oder die andere schon einen Vorschlag, welche Früchte man guten Gewissens in seinen Obstsalat mischen könnte: selbst gesammelte Erdbeeren, Brombeeren, Kirschen, Weinbergpfirsiche – natürlich immer Früchte, die in der jeweiligen Jahreszeit gerade bei uns reif sind.

Zielgruppe:
Klassenstufe 7–9

Der Transport mit welchem Verkehrsmittel verbraucht am wenigsten Energie?

Lkw Zug Schiff Flugzeug

Auflösung: Am wenigsten Energie verbraucht der Transport mit dem Schiff. Der Transport mit dem Zug verbraucht etwa 4-mal, mit dem Lkw 12-mal und mit dem Flugzeug 40-mal so viel (Angaben stark vereinfacht).

Weite Reise für den Obstsalat

Zielgruppe:
Klassenstufe 7–9

Wähle vier Obstsorten aus, die du in deinen Obstsalat schneiden möchtest. Welche Strecke hat das Obst beim Transport von seiner Anbauregion bis in deine Schüssel schon zurückgelegt? Die Ordnung der Tabelle ist etwas durcheinander geraten. Ordne jeder Obstsorte ihre Anbauregion zu und berechne die Transportstrecke. Was bedeutet die Transportstrecke für den Energieverbrauch und für den CO^2-Ausstoß?

☐	Ananas	Afrika	6.000 km
☐	Apfel	Mittelmeerraum	3.000 km
☐	Banane	Südamerika	12.000 km
☐	Birne	Mittelmeerraum	3.000 km
☐	Kiwi	Deutschland	100 km
☐	Limette	Mittelmeerraum	3.000 km
☐	Melone	Neuseeland	20.000 km
☐	Orange	Deutschland	100 km
☐	Pfirsich	Südamerika	12.000 km
			km

Auflösung: Ananas – Afrika, Apfel – Deutschland, Banane – Südamerika, Birne – Deutschland, Kiwi – Neuseeland, Limette – Südamerika, Melone – Mittelmeerraum, Orange – Mittelmeerraum, Pfirsich – Mittelmeerraum.

Für den Klimaschutz beim Essen sind zahlreiche weitere Faktoren entscheidend: Biologische und vegetarische Ernährung ist in der Regel klimafreundlicher. Tiefkühlprodukte und Lebensmittel aus Dosen verbrauchen dagegen viel Energie bei der Herstellung. Auch Verpackung und die Wege zum Einkauf spielen eine Rolle.

Klimaschutz beim Kochen und Essen

- mehr regionale und saisonale Erzeugnisse;
- mehr Erzeugnisse aus naturnahem Anbau;
- mehr frische Produkte, weniger Tiefkühlkost und Konserven;
- weniger Fleisch- und Wurstwaren und tierische Produkte;
- geplanter einkaufen, seltenere und kürzere Einkaufsfahrten;
- energiesparender Kochen, energieeffizientere Kochgeräte, geringere Warmhaltezeiten;
- weniger Essensreste wegwerfen;
- auf Mehrwegbehältnisse und umweltfreundliche Verpackungen achten, Verpackungsmüll vermeiden, Wertstoffe trennen.

Zielgruppe:
sehr variabel

Apfelgeschmackstest: biologische Vielfalt in unseren Obstwiesen

Wer – beispielsweise für eine Schüssel voll mit dampfendem Apfelmus – die Äpfel von heimischen, extensiv bewirtschafteten Obstwiesen verwendet, verringert nicht nur Transportwege.

Er hilft auch mit, den Fortbestand wertvoller Lebensräume zu sichern, die oft erst durch Jahrhunderte lange Nutzung entstanden sind – die Heimat von Steinkauz, Wiedehopf, Grünspecht, Wiesel, Steinmarder, Gartenschläfer, Abendsegler und vielen anderen Tieren und Pflanzen.
Was biologische Vielfalt noch bedeutet, zeigt ein Geschmackstest verschiedener Apfelsorten: Jede Apfelsorte schmeckt anders – der Boskoop säuerlich, der Golden Delicious süß. Jede Sorte ist

zu einer anderen Zeit an einem anderen Ort entstanden – der Goldparmäne schon um 1700 in Frankreich, der Elstar erst 1955 in den Niederlanden –, die eine zufällig, die andere durch gezielte Kreuzung zweier verschiedener Sorten.
Für den Biologieunterricht kann ein solcher Test demnach ebenso anschaulich sein wie für den Kochkurs. Die unterschiedlichen Eigenschaften der Apfelsorten bedingen auch ihre unterschiedliche Verwendung als Tafelapfel, Backapfel oder reiner Mostapfel.

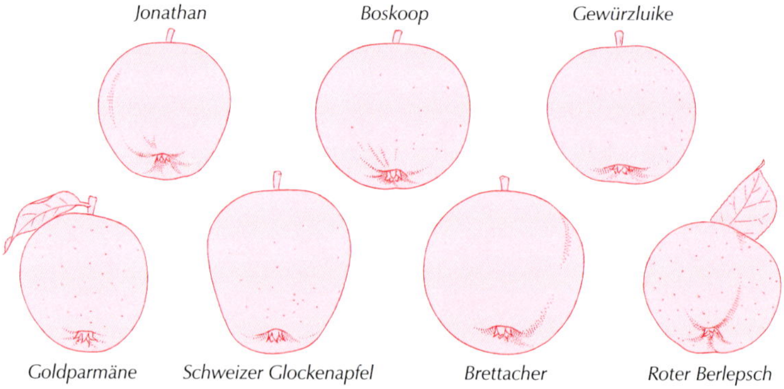

Apfel Nr.

sauer:	wenig	mittel	stark
süß:	wenig	mittel	stark
würzig:	wenig	mittel	stark
Benotung:			
Name:			
Verwendung			

In Deutschland noch allgegenwärtig – die Buche

Man stelle sich vor, der Mensch im geografischen Mitteleuropa würde jede Nutzung einstellen, sich aus den Gebieten zurückziehen, die Natur wieder sich selbst überlassen. Was würde passieren mit Wiesen und Weiden, mit Ackerland und Siedlungsflächen? Angefangen mit ein paar Büschen und Bäumen würde sich nach und nach der Wald diese Flächen – bis auf ein paar sehr wenige Standorte – zurückerobern. Als Sukzession wird dieser

Vorgang bezeichnet, als potenzielle natürliche Vegetation (pnV) das Ergebnis dieser Entwicklung: die Vegetation, die sich ohne weitere menschliche Einflussnahme auf einem Standort einstellen würde. In weiten Teilen Mitteleuropas oder Deutschlands wären dies vermutlich Buchenwälder, ist doch die Rotbuche (Fagus sylvatica) ohnehin Deutschlands häufigster Laubbaum.

Die Tatsache, dass unsere Landschaft sehr vielseitig ist und nicht nur aus Buchenwäldern besteht, ist zu einem guten Teil dem Menschen zu verdanken. Die Bebauung und Bewirtschaftung der Erde durch den Menschen hat im Laufe von Jahrhunderten eine große Vielfalt an Lebensräumen geschaffen, die mit einer Vielzahl von Pflanzen und Tieren einhergehen. Die Früchte der Buche sind ölhaltig und wurden von unseren Vorfahren vielfältig genutzt. Das mühselige Sammeln der Bucheckern und die Konkurrenz anderer ölhaltiger Samen ließen Bucheckern in Vergessenheit geraten. Erst die Gourmetküche hat sie für uns wiederentdeckt.

Bucheckern in der Küche

Achtung: Bucheckern enthalten Fagin (Trimethylamin), das in höheren Dosen giftig ist. Durch Rösten der Früchte wird das Gift abgebaut. So können Sie die Früchte der Buche verwenden:

Herbstsalat
Gehackte und geröstete Bucheckern garnieren grüne Salate. Hervorragend: Kombination mit Äpfeln, Weintrauben und Hartkäse. Angemacht wird der Salat natürlich mit Nussöl.

Kuchen
Anstelle von Nüssen werden einfach gehackte Bucheckern zugegeben.

Diskussionswürdig ist Folgendes: Der theoretische Begriff der potenziellen natürlichen Vegetation vernachlässigt die Tatsache, dass auch in der Natur ständig Prozesse stattfinden – Naturkatastrophen, Absterben von Bäumen, Lichtungen und Wiederaufleben. Wie kann das Endergebnis einer solchen Entwicklung festgemacht werden?

Essbare heimische Kultur- und Wildpflanzen im Herbst

Herbst

Artname	Lebensraum	Nutzung	Kultur/Geschichte
Apfel **(Malus domestica)**	Obstwiese, Garten	Frucht: Obst, Saft, Most, Cidre, Kuchen, Nachtische	Herkunft: wahrscheinlich Vorderer Orient Kultivierung seit der Jungsteinzeit Bei den Griechen: Symbol der Liebe, Fruchtbarkeit und Sinnlichkeit Römerzeit: Einfuhr des Apfels nach Mitteleuropa Der Apfel als Symbol: Paradiesapfel, Zankapfel, Reichsapfel, Adamsapfel
Birne **(Pyrus spec.)**	Obstwiese, Garten	Frucht: Obst, Saft, Kuchen, Nachtische	Herkunft: vermutlich Vorderasien Erste Erwähnung der Frucht bereits in Homers Odyssee Bei den Babyloniern als heiliger Baum verehrt. Die Birne im übertragenen Sinn: Glühbirne, Birne als scherzhafte Bezeichnung für den Kopf

Essbare heimische Kultur- und Wildpflanzen im Herbst

Herbst

Natur/Biologie	Wirtschaft/Ökonomie	Thematischer Aufhänger
Blüte: weiße Kelchblätter mit rötlichem Rand, gelbe Staubbeutel Apfelfrucht: Sammelbalgfrucht, allerdings entsteht das Fruchtfleisch nicht aus dem Fruchtknoten, sondern aus dem Blütenboden Apfelsortenvielfalt: Geschmack, Farbe, Größe, insgesamt über 20 000 Sorten! Frucht reich an Vitaminen, Mineralstoffen und Spurenelementen	Apfelplantagen drei gängige Sorten machen 70 % des Apfelangebots in Europa aus: Golden Delicious, Jonagold, Red Delicious Frühjahr und Sommer: Apfelimport von der Südhalbkugel (Neuseeland, Chile, Argentinien) Weltweit größte Apfelproduzenten: China, USA, Polen und Frankreich	Apfelsaft selbst gepresst Herstellung von Apfelessig, alkoholische Gärung, Essigsäuregärung Geschmackstest: verschiedene Apfelsorten Bedeutung alter Apfelsorten Apfelchips
Blüte: weiße Kelchblätter, dunkelrote Staubbeutel Frucht: Apfelfrucht, reich an Eisen, Kalium, Phosphor Birnensortenvielfalt: Fruchtform, Geschmack, Gerbstoffgehalt, weltweit ca. 5000 Sorten	Verwendung des Holzes zur Herstellung von Möbeln und Musikinstrumenten	Was hast du in der „Birne"? Alte Obstsorten

Artname	Lebensraum	Nutzung	Kultur/Geschichte
Champignon **(Agaricus spec.)**	Wald, Waldrand, Wiese, Garten (je nach Art)	Fruchtkörper: Salate, Aufläufe, Suppen etc.	
Echte Walnuss **(Juglans regia)**	Wald, Obstwiese, Weinberg	Samen: Zutat zu Müsli, Kuchen, Nachtisch oder Salat; Walnussöl	Bereits zu Römerzeiten in Europa kultiviert
Gemeine Hasel **(Corylus avellana)**	Wald, Waldrand, Gebüsch	Samen: Zutat zu Müsli, Kuchen, Nachtisch oder Salat, in Nougat und Krokant	Symbolik: Haselzweige als Glücksbringer, Fruchtbarkeitssymbole, Zweige für Wünschelruten
Heidelbeere **(Vaccinium myrtillus)**	Wald, Heide	Frucht: Kompott, Marmelade, Kuchen, Eis	Andere Namen: Blaubeere, Schwarzbeere, Waldbeere

Natur/Biologie	Wirtschaft/Ökonomie	Thematischer Aufhänger
Lamellenpilz Pilz (weder Pflanze noch Tier!): macht keine Photosynthese, ernährt sich von organischem Material, hat Zellwände aus Chitin, wichtige Funktion als Zersetzer Großteil des Pilzes liegt unter der Erde (Mycelgewebe), der Champignon ist nur der oberirdische Fruchtkörper, der Sporen produziert Fast alle Arten essbar und wohlschmeckend im Gegensatz zu giftigen Pilzen, Achtung: Verwechslungsgefahr mit tödlich giftigem Knollenblätterpilz Kalorienarm Anreicherung von Schwermetallen und radioaktiven Stoffen		Was bedeutet Symbiose? Charakteristika von Pilzen Pilze: Schädlinge und Nützlinge 1986 Katastrophe von Tschernobyl (Geschichte, Politik)
In der Regel als Kulturbaum angepflanzt, Wildformen vor allem in Auwäldern Nuss reich an Omega-3-Fettsäuren, Zink und Kalium	Schale oder Rinde als natürliches Färbe- und Beizmittel Hochwertiges Edelholz, aber forstlich kaum genutzt, Nutzung vor allem als Walnusslieferant, weltweit größter Exporteur: Kalifornien	
Großer, oft mehrstämmiger Strauch in lichten Wäldern, an Waldrändern und Hecken Frucht: echte Nuss (alle drei Schichten der Fruchtwand verholzt), wird etwa von Mäusen, Eichhörnchen und Vögeln verbreitet Getrennte Blüten an einem Strauch: Kätzchen (Blütenstand mit männlichen Blüten), unscheinbare weibliche Blüten in einer Knospe, Windbestäubung	Haselnüsse im Handel meist Früchte der verwandten Lambertshasel (Corylus maxima), die hauptsächlich in der Türkei am Schwarzen Meer angebaut wird	Haselzweig als Friedenssymbol im antiken Rom Haselpollen als Auslöser für Heuschnupfen
Heidekrautgewächs Zwergstrauch, wächst auf nährstoffarmen, sauren Böden, in Heide- und Moorlandschaften oder in lichten Wäldern Frucht: Beere, vitaminhaltig, Blaufärbung durch Anthocyane		

Artname	Lebensraum	Nutzung	Kultur/Geschichte
Karotte **(Daucus carota)**	Wiese, Wegrand (Wildform), Feld, Garten	Wurzel: Salat, Gemüse, Saft, Kuchen (Rüblitorte)	Andere Namen: Möhre, Gelbe Rübe Herkunft des Namens aus dem Französischen (la carotte)
Kartoffel **(Solanum tuberosum)**	Feld, Garten	Sprossknolle: Gemüse, Suppe, Beilage; Futterkartoffel	Herkunft: Südamerika, Anden, im 16. Jh. als Zierpflanze nach Europa importiert, Anbau als Gemüse erst Ende 17./Anfang 18. Jh. Regionale Namen: Erdäpfel, Grombiera, Erdbirn, Potacken etc.
Kürbis **(Cucurbita spec.)**	Feld, Garten	ganze Frucht: Gemüse, Suppen, Kuchen; Viehfutter Samen: Kürbiskerne, Kürbiskernöl	Herkunft: Amerika
Mais **(Zea mays)**	Feld	Frucht/Samen: Fladen (Mehl), Polenta (Grieß), Tortillachips, Popcorn, Gemüsemais, Maisstärke; Maispapier; Futtermais ganze Pflanze: Tierfutter (Maissilage); Energiemais (Biogasanlagen)	Herkunft: Südamerika / Mexiko Wichtiges Grundnahrungsmittel in vielen Entwicklungsländern
Quitte **(Cydonia oblonga)**	Garten, Obstwiese	Frucht: Gelee, Mus, Saft, Likör	Herkunft: wahrscheinlich aus dem Kaukasus

Natur/Biologie	Wirtschaft/Ökonomie	Thematischer Aufhänger
Doldenblütler Wurzelgemüse (Bastrübe) Gelbfärbung: β-Carotin (Provitamin A) Wildform: Wilde Möhre (Wiesenpflanze) Formenvielfalt: diverse Sorten mit Rübenfarben von weiß bis dunkelviolett		Scherzfrage: Warum tragen Hasen keine Brille? Mode: Karottenhose
Nachtschattengewächs, alle grünen Pflanzenteile sind leicht giftig, Früchte: Beeren (ungenießbar!) Verwendeter Pflanzenteil: Sprossknolle, besonders stärkehaltig Große Sortenvielfalt: von frühreif bis spätreif, von festkochend bis mehlig kochend, Schalenfarbe gelb, rot oder sogar blau, Fleischfarbe von weiß bis gelb, diverse Formen	heute: China und Russland als führende Anbauländer	Kreuzfahrt (Geschichte) Kartoffelsortenvergleich (Kochverhalten, Geschmack ...) Namensvielfalt, Mundart, Sprachentwicklung (Deutsch)
Viele verschiedene Arten und Sorten Fruchtform: Beere (Panzerbeere), in diversen Variationen		Halloween, Kürbislaterne (Englisch) Kürbisse auf dem Kompost aussäen
Fruchtstand: Kolben Wuchshöhe: bis zu drei Meter Eiweißarmut	Weltweit meistproduziertes Getreide Hauptproduzenten: USA, China, Brasilien, Mexiko Hybridmais: Entsteht durch Kreuzung, Ertragssteigerung, aber nur in der ersten Generation Drittwichtigstes Getreide nach Weizen und Reis	Kreuzfahrt Hybridzüchtung / Heterosis-Effekt Genmais: Fluch oder Segen?
Enge Verwandtschaft zu Apfel und Birne Frucht: gerbstoffreich, nur gekocht genießbar		Streuobstwiese Bitterstoffe/Gerbstoffe (Chemie)

Artname	Lebensraum	Nutzung	Kultur/Geschichte
Rotbuche **(Fagus sylvatica)**	Wald	Samen: Zugabe zu Salaten, Kuchen oder anderen Gerichten (Buchecker)	
Rübe **(Beta vulgaris)**	Feld, Garten	oberirdische Teile der Pflanze: Blattgemüse Wurzel (und Hypokotyl): Gemüse, Salat; Zuckerherstellung; Futterpflanze	Herkunft Mittel-, Südamerika, kultiviert schon von den Majas und Azteken
Schlehe **(Prunus spinosa)**	Waldrand, Gebüsch	Frucht: Marmelade, Saft, Likör, Schnaps	Fund von Schlehenkernen in der Umgebung jungsteinzeitlicher Siedlungen Heimat: Europa, Vorderasien, Nordafrika Mittelalter: Tintengewinnung aus Schlehenrinde Volksglaube: Schlehengebüsche als Schutz vor Hexen Anderer Name: Schwarzdorn
Weinrebe **(Vitis vinifera)**	Wald, Waldrand (Wildform), Weinberg	Frucht: Traubensaft, Wein, Sekt, Weinbrand, Rosine, Traubenkernöl Blatt: gefüllte Weinblätter	Kultivierung schon in der Antike von Ägyptern, Babyloniern, Griechen und Römern Einführung in Mitteleuropa durch die Römer Heilkunde: Weinlaubpräparate gegen Venenleiden
Zwetschge **(Prunus domestica)**	Obstwiese, Garten	Frucht: Obst, Kuchen, Nachtische, Marmelade, Mus, Schnaps	Anbau bereits bei den Griechen im 7. Jh. v. Chr. Einfuhr nach Mitteleuropa in der Römerzeit

Natur/Biologie	Wirtschaft/Ökonomie	Thematischer Aufhänger
Häufigster Laubbaum Deutschlands Glatte Rinde, die sich mit dem wachsenden Baum dehnt (ständig wachsendes Korkkambium)	Verwendung: Industrie- und Energieholz, Möbel, Parkett	
Mehrere Nutzpflanzen, die zu unterschiedlichen Unterarten gehören: Zuckerrübe, Rote Rübe, Futterrübe, Mangold Rübe: Beta-Rübe (Speichergewebe aus Phloem und Xylem der Wurzel und des Hypokotyls), keine „Frucht" Rotfärbung der Roten Rübe: Farbstoff Betanin Nachtschattengewächs, Frucht: Beere, roter Farbstoff: Lycopin (Carotinoid)		Rübengeist; St. Martin Zuckerherstellung Naturfärbung durch den Saft der Roten Rübe (z. B. Ostereier)
Bis zu zwei Meter hoher Strauch mit Dornen Wächst bevorzugt auf sonnigen Standorten, an Wegrändern, in Hecken und an Hängen Frucht: Steinfrucht In der Sukzession deutet die Schlehe den Übergang zum Wald an Nektar- und Nahrungspflanze für viele Schmetterlinge, Wildbienen und weitere Insektenarten		
Kletterpflanze mit Sprossranken In wärmeren Regionen auch wild vorkommend, in Mitteleuropa allerdings selten etwa in Auwäldern an Rhein und Donau Sortenvielfalt: zahlreiche weiße und rote Reb- und Weinsorten		Alkoholische Gärung Weinlese, Traubensaftverkostung Römer
Unterart der Pflaume Frucht: Steinfrucht Sortenvielfalt: Größe, Aroma und Form der Früchte	Verwendung des Holzes für Schmuck und Intarsien	

Winter

Heimlich, still und leise hat sich über Nacht eine dünne, weiße Schneedecke übers Land gelegt. Gedämpft ist der Schall, die Vegetation kahl, verstummt die Natur, eingefasst in eine Hülle aus glitzernden Eiskristallen. Wunderschön. Allerdings: Was Feld und Garten in dieser Jahreszeit hergeben, tendiert gegen Null. Da wird es eng, will man das Thema regionaler und vor allem saisonaler Produkte ansprechen. Interessant sind wahrscheinlich folgende Betrachtungen: Wie haben eigentlich unsere Vorfahren den langen, harten Winter überlebt? Was haben sie in dieser Jahreszeit gegessen? Welche Lebensmittel halten so lange? Welche Möglichkeiten der Haltbarmachung gibt es?

Hagebuttenreife

Ein Männlein steht im Walde

Ein Männlein steht im Walde ganz still und stumm,
Es hat von lauter Purpur ein Mäntlein um.
Sagt, wer mag das Männlein sein,
Das da steht im Wald allein
Mit dem purpurroten Mäntelein.
Das Männlein steht im Walde auf einem Bein
Und hat auf seinem Haupte schwarz Käpplein klein,
Sagt, wer mag das Männlein sein,
Das da steht im Wald allein
Mit dem kleinen schwarzen Käppelein?
(A. H. Hoffmann von Fallersleben, 1798–1874)

Die Früchte der Rose

Die roten Hagebutten enthalten besonders viel Vitamin C. Nicht zuletzt deshalb sind sie bei Vögeln als Nahrungsquelle außerordentlich beliebt. Der Mensch setzt die Hagebutte schon seit jeher – etwa in Form von Tee – als Mittel zur Stärkung des Immunsystems ein. Auch bei Blasen- und Nierenleiden soll sie heilsam wirken. Eine Frucht ist die Hagebutte nur im weiteren Sinne: Ihr fleischig-rotes Äußeres entsteht aus dem Boden der Rosenblüte. Es umschließt viele kleine, behaarte Kerne – die eigentlichen Nussfrüchtchen, die sich aus den Fruchtblättern der Rose entwickelt haben. Wie die Erdbeere zählt die Hagebutte daher zu den Sammelnussfrüchten.

Wer hat als Kind nicht schon einmal aus der Hagebutte Juckpulver gewonnen und dem Widersacher – oder dem besten Kumpel – zum Spaß in den Nacken gestreut? Es sind die feinen Härchen der Hagebutten-Nüsschen, die mit kleinen Widerhaken bestückt sind und so die Hautreizung auslösen.

„Hägen“ in der Küche

Hier finden die Früchte der Heckenrose Verwendung:

Hägenmark (Hagebuttenmark):
Die passierten reifen Früchte werden mit Zucker als leckere Marmelade eingemacht.

Hagebuttentee:
Früchte entkernen und trocknen, vor dem Überbrühen zerstoßen. Lecker auch als Teemischung, etwa mit getrockneten Brombeer- und Himbeerblättern.

Gewürz:
Als Zugabe zu Bratengerichten.

Die Quitte: ganz schön bitter…

Während man seine ursprüngliche Heimat im Iran, in Armenien und im Kaukasus vermutet, ist der wärmeliebende Quittenbaum (Cydonia oblongata) – wie zahlreiche Nutzpflanzen dank der Römer – heute in Europa auch nördlich der Alpen verbreitet. Erst im Oktober bis in den November ist die Quitte reif, teilweise hängen noch im tiefen Winter nicht abgeerntete Früchte an den Bäumen. Die gelbe, behaarte Frucht ähnelt in ihrer Form Apfel oder Birne, ist auch mit diesen verwandt. Ein großer Unterschied: Roh schmeckt die Quitte alles andere als lecker: Sie enthält viele bittere Gerbstoffe und Fruchtsäuren. Der Genuss ist auf jeden Fall mit einem gewissen Aufwand des Kochens und der Verarbeitung verbunden… und die Konkurrenz durch leckere südländische Früchte groß. Vielleicht liegt darin auch der Grund, dass Quittenbäume immer mehr aus den heimischen Gärten verschwinden, wo sie doch noch vor 50 Jahren viele Bauerngärten und Obstwiesen bereicherten?

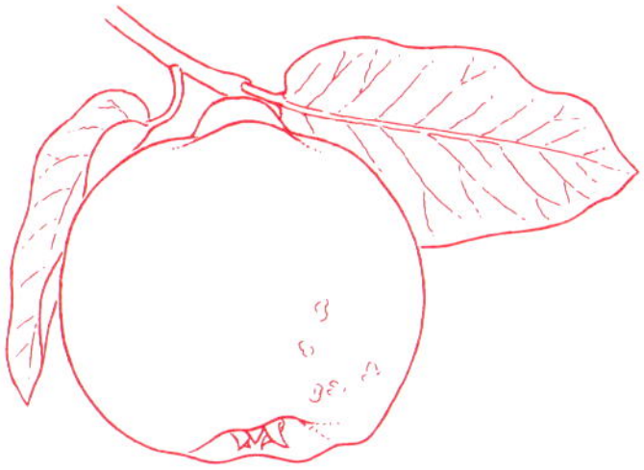

… oder auch nicht?!
Erst gekocht ist die Frucht genießbar, schmeckt dann aber umso besser – als Mus, Kompott, Saft, Gelee oder auch Likör. Durch ihren Reichtum an Vitaminen, Mineralstoffen, Kieselsäure und Pektinen gilt die Quitte als sehr gesund.

Was sind Gerbstoffe?

Nicht nur Essbares lässt sich am Beispiel von Lebensräumen aufzeigen. Es gibt auch Ansatzpunkte, frühere Nutzbarmachungen von Naturmaterialien zu erläutern. So können Natur, Kultur und Heimat thematisch verknüpft werden

Schon seit vielen tausend Jahren nutzt der Mensch Leder und Felle zur Herstellung von Kleidung, Gefäßen und anderen Gegenständen. Tierische Häute und Felle können jedoch erst verwendet werden, nachdem sie durch den Vorgang des Gerbens haltbar und geschmeidig gemacht werden. Von großer Bedeutung sind dabei Gerbstoffe – Substanzen, die sich an die zahlreichen Proteinfasern der Haut anlagern, sodass sich ein dichtes, stabiles Netzwerk bildet. In der Industrie werden zur Gerbung heute vor allem mineralische Stoffe wie Chrom verwendet. Früher nutzte man dagegen hauptsächlich pflanzliche Gerbstoffe.

Pflanzliche Gerbstoffe: Zahlreiche Pflanzen bauen Gerbstoffe auf, die eigentlich dem Schutz vor mikrobieller Zersetzung und Fäulnis dienen. Chemisch gesehen handelt es sich dabei um sogenannte Polyphenole. Zum Gerben verwendete man einen Sud aus Pflanzen und Pflanzenteilen, die besonders viele Gerbstoffe enthalten. In unseren Breiten waren dies etwa Rinde, Blätter oder Holz von Eichen und Fichten.

Babybrei Apfel-Banane im Test

Zielgruppe: Klassenstufe 9 (insbesondere Klassen mit hohem Mädchenanteil)

Die Schülerinnen und Schüler besorgen möglichst ähnliche Babybreie verschiedener Hersteller. Sie vergleichen die Produkte untereinander und mit einem selbst hergestellten Brei hinsichtlich Inhaltsstoffen, Geschmack, Konsistenz und Preis.
Der Test kann selbstverständlich in ähnlicher Form auch mit anderen Produkten durchgeführt werden.

Themen zur Vertiefung:
Wie werden die verschiedenen Inhaltsstoffe gewonnen? Woher stammen die Zutaten? Nach welchen weiteren Kriterien wurde das Produkt hergestellt (z. B.: biologisch)? Wodurch wird der Geschmack bestimmt? Nach welchen Kriterien kaufe ich künftig Babybrei ein?

Inhaltstoffe

						Eigenprodukt	**Hersteller**
							Dinkelvollkornmehl
							Hafervollkornmehl
							Vollkornweizenflocken
							Vollkornhaferflocken
							Reis
							Reisstärke
							Wasser
							Milch
							Äpfel
							Apfelsaft
							Apfelsaftkonzentrat
							Birnendicksaft
							Bananen
							Zitronensaft
							Zitronensaftkonzentrat
							Vollmilchjoghurt
							Gluten
							Kaliumjodid
							Vitamin C
							Vitamin B1
							Vitamin E
							Note

Geschmack und Beschaffenheit

						Eigenprodukt	**Hersteller**
							sehr süß
							süß
							leicht süß
							säuerlich
							fruchtig
							wässrig
							mehlig
							cremig
							klebrig
							fest
							Note

Essbare heimische Kultur- und Wildpflanzen im Winter

Winter

Artname	Lebensraum	Nutzung	Kultur/Geschichte
Feldsalat **(Valerianella locusta)**	Feld, Garten	ganze Pflanze: Salat	Namensvielfalt: Feldsalat, Ackersalat, Sonnenwirbel, Rapunzelsalat Aussaat schon in der Jungsteinzeit
Gemüsekohl **(Brassica oleracea)**	Schutt, Fels (Wildform), Feld, Garten	oberirdische Teile der Pflanze: diverse Gemüsesorten, Sauerkraut; Viehfutter	Sauerkraut: durch Milchsäuregärung konservierter Weißkohl mit hohem Vitamin-C-Gehalt (lange Zeit von Bedeutung im Winter und für die Seefahrt)
Heckenrose **(Rosa canina)**	Wald, Waldrand, Gebüsch	Frucht: Tee, Marmelade, Gewürzzutat zu Bratengerichten	Hagebutte gilt als Heilmittel zur Stärkung des Immunsystems, bei Blasen- oder Nierenleiden
Rotbuche **(Fagus sylvatica)**	Wald	Samen: Zugabe zu Salaten, Kuchen oder anderen Gerichten (Buchecker)	

Essbare heimische Kultur- und Wildpflanzen im Winter

Winter

Natur/Biologie	Wirtschaft/Ökonomie	Thematischer Aufhänger
Keimung im Herbst, Überwinterung als Blattrosette (Ernte im Winter!) Wächst auch als Wildkraut auf Äckern und an Wegrändern reich an Vitamin A und C Ätherisches Baldrianöl verleiht nussigen Geschmack		„Ackerunkraut"
Kreuzblütler Wildform: in Deutschland nur auf Helgoland vorkommend, verwilderte Zuchtformen wachsen auch auf Schutthalden und nährstoffreichen Böden Genetische Vielfalt: Gemüsekohl kommt in diversen Zuchtformen und Unterarten vor, die sich noch immer miteinander kreuzen lassen: Kohlrabi, Weißkohl, Rotkohl, Wirsing, Blumenkohl, Broccoli, Rosenkohl etc.		Konservierung Milchsäuregärung Sauerkraut selbst gemacht
Hagebutte: Vitamin-C-reiche Sammelnussfrucht, deren Fleisch sich aus dem Blütenboden entwickelt, der die vielen behaarten Nussfrüchtchen umschließt (die Härchen der Nüsschen sind mit kleinen Widerhaken bestückt, die bei Kontakt Hautreizungen auslösen)		Ein Männlein steht im Walde Juckpulver
Häufigster Laubbaum Deutschlands Glatte Rinde, die sich mit dem wachsenden Baum dehnt (ständig wachsendes Korkkambium)	Verwendung: Industrie- und Energieholz, Möbel, Parkett	

Sobald jemand in einer Sache Meister geworden ist, sollte er in einer neuen Sache Schüler werden.

Gerhart Hauptmann

Anhang

Die Akademie für Natur- und Umweltschutz Baden-Württemberg

Akademie für Natur- und Umweltschutz
Baden-Württemberg

Die Akademie für Natur- und Umweltschutz Baden-Württemberg hat u. a. folgende Aufgaben:

- Verknüpfung von Wissenschaft und Umweltpraxis
- Forum zum Dialog zwischen Wirtschaft, Nachhaltigkeit und Gesellschaft als Beitrag zur ökologischen Standortsicherung
- Veranstaltungen und Fachtagungen zu grundsätzlichen Fragen des Natur- und Umweltschutzes und der nachhaltigen Entwicklung
- Förderung frühkindlicher Bildung für eine nachhaltige Entwicklung
- Seminare, Workshops, Fachtagungen zu Fragen des Naturschutzes, der Umweltvorsorge und der nachhaltigen Entwicklung
- Herausgabe von Publikationen zur Vermittlung praktischer Erkenntnisse im Bereich des Naturschutzes, der Umweltvorsorge und der nachhaltigen Entwicklung
- Breite Umweltbildung und Bildung für eine nachhaltige Entwicklung

Das Landesnetzwerk Umweltbildung und nachhaltige Entwicklung

Kontakte und Netzwerkbildung sind wichtige Faktoren für erfolgreiche Innovationen – auch in der Umwelt- und Nachhaltigkeitsbildung –, denn diesen kommt auf dem Weg zu mehr Nachhaltigkeit in unserer Gesellschaft eine Schlüsselrolle zu. Es geht mehr denn je darum, Themen der Naturbewahrung, Umweltvorsorge und der nachhaltigen Entwicklung in alle gesellschaftlichen Bereiche zu tragen und dort zu verankern.
Suchen Sie einen Partner oder Materialien, um ein Umwelt- oder Nachhaltigkeitsthema gemeinsam zu bearbeiten? Oder suchen Sie einen Ort, um Kinder, Jugendliche oder auch Erwachsene für heimische Natur und Landschaft zu begeistern und für Natur- und Umweltthemen im Sinne einer nachhaltigen Entwicklung zu sensibilisieren? Wir unterstützen Sie gerne mit unserer Kompetenz und unserem Umwelt- und Nachhaltigkeitsbildungs-„Know-how", die richtigen Ansprechpartner zu finden.
Auf vielfachen Wunsch hat die Akademie für Natur- und Umweltschutz Baden-Württemberg das Landesnetzwerk Umweltbildung und nachhaltige Entwicklung initiiert. Dessen Internetportal **(www.lnub.de)** richtet sich an alle an Natur, Landschaft und Umwelt Interessierten, insbesondere aber an Erzieherinnen und Lehrkräfte. Es bietet zum einen Hinweise auf Informationsstellen zu den Themen Naturerziehung, Umweltbildung, Nachhaltigkeitsbildung, praktische Naturbewahrung. Zum anderen gibt es Anregungen zur Planung von Ausflügen und Exkursionen oder zur eigenen Fortbildung.
Eine breite Palette an Angeboten wird auf diese Weise für den Nutzer des Netzwerks leicht zugänglich gemacht. Laufend wer-

den die bestehenden Angebote um weitere attraktive Ziele ergänzt – Museen, Lehrpfade und andere Einrichtungen des Heimatraumes, die Zusammenhänge zwischen Natur, heimischer Landschaft, alten Kulturen, Klima und vielem mehr darstellen. Hinter dem Netzwerk steht das Ziel, unseren Kindern Natur- und Umweltvorsorge sowie nachhaltige Entwicklung im Heimatraum zu vermitteln.
Ergänzt wird das Landesnetzwerk Umweltbildung und nachhaltige Entwicklung durch einen Newsletter, den Interessierte bei der Umweltakademie Baden-Württemberg abonnieren können.

Bürger für die Zukunft: Agenda-21-Arbeitskreise

Ob Renovierungsmaßnahmen am Gebäude direkt oder naturnahe Umgestaltungen rund um die Schule / den Kindergarten oder Umwelterziehungsprojekte zu den verschiedenen Umwelt- und Klimaschutzthemen – Agenda-Arbeitskreise leisten einen Beitrag zur nachhaltigen Entwicklung unserer Gesellschaft und sind somit Teil eines lokalen Agenda-Prozesses. Ansprechpartner der Arbeitskreise zur lokalen Agenda 21 erfährt man über die Städte und Gemeinden.

Wo Know-how zu Umwelt, Klimaschutz und Nachhaltigkeit weitergegeben wird: Umweltbildungsstätten

Fortbildung zu den verschiedensten Umwelt- und Nachhaltigkeitsthemen sind Kernpunkte der Umweltbildungsarbeit der staatlich getragenen Umweltbildungsstätten. Die einzelnen Programme können direkt bei den Akademien angefordert werden.

Bundesweiter Arbeitskreis der staatlich getragenen Bildungsstätten im Natur- und Umweltschutz
www.banu-akademien.de

Akademie für Natur- und Umweltschutz Baden-Württemberg
www.umweltakademie.baden-wuerttemberg.de

Bayerische Akademie für Naturschutz und Landschaftspflege
www.anl.bayern.de

Landeslehrstätte für Natur und Umwelt Oderberge Lebus
www.mluv.brandenburg.de

Naturschutz-Akademie Hessen
www.na-hessen.de

Landesamt für Umwelt, Naturschutz und Geologie Mecklenburg-Vorpommern

Landeslehrstätte für Naturschutz und nachhaltige Entwicklung
www.lung.mv-regierung.de

Alfred Toepfer Akademie für Naturschutz
www.nna.niedersachsen.de

Natur- und Umweltschutz-Akademie des Landes Nordrhein-Westfalen
www.nua.nrw.de

Landeszentrale für Umweltaufklärung Rheinland-Pfalz
www.umdenken.de

Sächsische Landesstiftung Natur und Umwelt
www.lanu.de

Akademie für Natur und Umwelt des Landes Schleswig-Holstein
www.umweltakademie-sh.de

Zitierte und weiterführende Literatur

Kochen, Essen, Ernährung, Schulverpflegung

Angres, Volker, Claus-Peter Hutter und Lutz Ribbe (2001): Futter fürs Volk. Was die Lebensmittelindustrie uns auftischt. Droemer Verlag, München.

Deutsche Gesellschaft für Ernährung e. V. (Hrsg.) (2007): Qualitätsstandards für die Schulverpflegung. Selbstverlag, Bonn.

Emsley, John (2004): Fritten, Fett und Faltenvreme. Noch mehr Chemie im Alltag. Wiley-VCH Verlag, Weinheim.

Emsley, John (2006): Sonne, Sex und Schokolade. Mehr Chemie im Alltag. Wiley-VCH Verlag, Weinheim.

Hülle, Dieter E., Ralf Jochen Schmid und Gunter H. Fahrion (Hrsg.) (2000): Literarische Leckereien. Kostbare Texte aus Küche und Keller. Aus der Region Stuttgart – Für die Region Stuttgart. Von Ottilie Wildermuth bis Isolde Kurz. Von Friedrich Schiller bis Christian Wagner. Röhm Druckerei und Verlag, Sindelfingen.

Hutter, Claus-Peter und Fritz-Gerhard Link (2003): Essen für die Region – Ernährung, Umwelt und Lebensmittelsicherheit. Beiträge der Akademie für Natur- und Umweltschutz Baden-Württemberg, Bd. 32. Wissenschaftliche Verlagsgesellschaft, Stuttgart.

Kurth, Bärbel-Maria und Angelika Schaffrath Rosario (2007): Die Verbreitung von Übergewicht und Adipositas bei Kindern und Jugendlichen in Deutschland. Ergebnisse des bundesweiten Kinder- und Jugendgesundheitssurveys (KiGGS). In: Bundesgesundheitsblatt – Gesundheitsforschung – Gesundheitsschutz 5–6 2007, 736–743. Springer Medizin Verlag, Berlin, Heidelberg.

Lück, Gisela und Peter Gaymann (2005): Eiweisheiten. Experimente rund ums Ei. Verlag Herder, Freiburg im Breisgau, Basel, Wien.

Ministerium für Ernährung und Ländlichen Raum, Abteilung Verbraucherschutz und Ernährung (Hrsg.) (2007): Arbeitshilfe für die Erstellung eines Leistungsverzeichnisses zur Schulverpflegung. Selbstverlag, Stuttgart.

Schwedt, Georg (2004): Experimente rund ums Kochen, Braten, Backen. Wiley-VCH Verlag, Weinheim.

Schwedt, Georg (2009[3]): Experimente mit Supermarktprodukten. Eine chemische Warenkunde. Wiley-VCH Verlag, Weinheim.

Schwedt, Georg (2009[2]): Noch mehr Experimente mit Supermarktprodukten. Das Periodensystem als Wegweiser. Wiley-VCH Verlag, Weinheim.

This-Benckhard, Hervé (2008[11]): Rätsel der Kochkunst. Naturwissenschaftlich erklärt. Piper Verlag, München, Zürich.

This-Benckhard, Hervé (2008): Rätsel und Geheimnisse der Kochkunst. Naturwissenschaftlich erklärt. Piper Verlag, München, Zürich.

Verbraucherzentrale Bayern e. V. (Hrsg.) (2005): Wie Kindern Essen Freude macht. Empfehlungen für den Verpflegungsbereich in Kindertagesstätten. Selbstverlag, München.

Kochen, Essen, Ernährung, Schulverpflegung – Links

Agrarmarkt Austria (Hrsg.) (2007): „CO_2-Rucksack" von Lebensmitteln ist Problembereich. Berechnungen der Umweltbelastung durch CO_2-Emisstionen beim Transport von importierten Lebensmitteln. Presseaussendung. Wien. www.ama-marketing.at.

Bundesministerium für Ernährung, Landwirtschaft und Verbraucherschutz und Bundesministerium für Gesundheit (Hrsg.) (2007): Gesunde Ernährung und Bewegung – Schlüssel für mehr Lebensqualität. Eckpunkte des Bundesministeriums für Ernährung, Landwirtschaft und Verbraucherschutz und des Bundesministeriums für Gesundheit zur Prävention von Fehlernährung, Bewegungsmangel, Übergewicht und damit zusammenhängenden Krankheiten. Selbstverlag, Berlin. www.bmelv.de/.

Wiegmann, Kirsten et al. (2005): Umweltauswirkungen von Ernährung – Stoffstromanalysen und Szenarien. Diskussionspapier Nr. 7. Darmstadt, Hamburg. www.ernaehrungswende.de/.

Deutsche Gesellschaft für Ernährung e. V. (Hrsg.): Schule + Essen = Note 1. Bonn. www.schuleplusessen.de.

Ministerium für Ernährung und Ländlichen Raum Baden-Württemberg (Hrsg.): Infodienst Landwirtschaft – Ernährung – Ländlicher Raum. Untermenü: Ernährung. Stuttgart. www.landwirtschaft-mlr.baden-wuerttemberg.de.

Akademie für Natur und Umweltschutz Baden-Württemberg (Hrsg.) (1990): Wir und unsere Umwelt: Einfälle statt Abfälle. Eine Arbeitshilfe für Kindertageseinrichtungen, Grundschulen und Eltern. Thienemann Verlag, Stuttgart, Wien.

Akademie für Natur und Umweltschutz Baden-Württemberg (Hrsg.) (1993): Wir und unsere Luft: Ohne Luft läuft nichts. Eine Arbeitshilfe für Kindertageseinrichtungen, Grundschulen und Eltern. Thienemann Verlag, Stuttgart, Wien.

Akademie für Natur und Umweltschutz Baden-Württemberg (Hrsg.) (1994): Wir und unser Boden: Paule Maulwurf erzählt Geschichten. Eine Arbeitshilfe für Kindertageseinrichtungen, Grundschulen und Eltern. Thienemann Verlag, Stuttgart, Wien.

Akademie für Natur und Umweltschutz Baden-Württemberg (Hrsg.) (1995): Wir und unsere Tiere. Eine Arbeitshilfe für Kindertageseinrichtungen, Grundschulen und Eltern. Naturerbe Verlag Jürgen Resch, Überlingen.

Akademie für Natur und Umweltschutz Baden-Württemberg (Hrsg.) (1996): Wir und unsere Wildpflanzen. Ein Kinder-, Lese-, Vorlese-, Mal- und Naturerlebnisbuch. Verlag Stadler, Konstanz.

Akademie für Natur und Umweltschutz Baden-Württemberg (Hrsg.) (2008): Der Pizzabaum: Wir und unser Essen. Eine Arbeitshilfe für Kindertageseinrichtungen, Grundschulen und Eltern. Hampp Verlag, Stuttgart.

Akademie für Natur und Umweltschutz Baden-Württemberg (Hrsg.) (1988/1992): Wir und unsere Natur. Eine Arbeitshilfe für Kindertageseinrichtungen, Grundschulen und Eltern. Thienemann Verlag, Stuttgart, Wien.

Akademie für Natur und Umweltschutz Baden-Württemberg (Hrsg.) (1998/1999): Wir und unsere Obstwiesen: Vom Apfel am Baum zum Saft in der Flasche. Ein Kinder-, Lese-, Vorlese-, Mal- und Naturerlebnisbuch. Thienemann Verlag, Stuttgart, Wien, Bonn.

Akademie für Natur und Umweltschutz Baden-Württemberg (Hrsg.) (2002): Wir erleben Bach und Fluss. Ein Natur-Erlebnisbuch für Kinder zum Vorlesen, Lesen, Malen und Spielen.

Bezdek, Ursula, Monika und Petra (2000): Kinder in ihrem Element. Sinnliches Erleben von Feuer und Erde, Wasser und Luft. Don Bosco Verlag, München.

Blessing, Karin und Iris Lehmann (2001): Kindergärten ökologisch bauen und gestalten. Verlag Eugen Ulmer, Stuttgart.

Blessing, Karin und Silke Mäurer (2003): Natur, Ökologie und Nachhaltigkeit im Kindergarten. Ein Lern- und Praxisbuch. S. Hirzel Verlag, Stuttgart.

Blessing, Karin und Claus-Peter Hutter (2004): Umweltbildung und nachhaltige Entwicklung. Konzepte gegen die „Wissenserosion" in Sachen Natur. In: Naturwissenschaftliche Rundschau 12/2004, 670–673. Wissenschaftliche Verlagsgesellschaft, Stuttgart.

Blessing, Karin, Claus-Peter Hutter und Fritz-Gerhard Link (2006): Unsere Obstgärten. Mit Kindern die wunderbare Welt der Streuobstwiesen entdecken. S. Hirzel Verlag, Stuttgart.

Blessing, Karin, Silvia Langer und Traude Fladt (2008[3]): Natur entdecken mit Kindern. Verlag Eugen Ulmer, Stuttgart.

Brämer, Rainer (2006): Natur obskur. Wie Jugendliche heute Natur erfahren. Oekom Verlag, München.

Bundesministerium für Umwelt, Naturschutz und Reaktorsicherheit (Hrsg.) (2008[2]): Klimaschutz und Klimapolitik. Materialien für Bildung und Information. Bildungsmaterialien Sekundarstufe I/II. Zeitbild Verlag, Berlin.

Bundesministerium für Umwelt, Naturschutz und Reaktorsicherheit (Hrsg.) (2008[2]): Einfach abschalten? Materialien für Bildung und Information. Bildungsmaterialien Sekundarstufe I/II. Zeitbild Verlag, Berlin.

Bundesministerium für Umwelt, Naturschutz und Reaktorsicherheit (Hrsg.) (2008[2]): Biologische Vielfalt. Materialien für Bildung und Information. Bildungsmaterialien Sekundarstufe I/II. Zeitbild Verlag, Berlin.

Bundesministerium für Umwelt, Naturschutz und Reaktorsicherheit (Hrsg.) (2008): Biologische Vielfalt. Materialien für Bildung und Information. Bildungsmaterialien Grundschule – Für Lehrkräfte: Arbeitsblätter. Zeitbild Verlag, Berlin.

Bundesministerium für Umwelt, Naturschutz und Reaktorsicherheit (Hrsg.) (2008): Biologische Vielfalt. Materialien für Bildung und Information – Arbeitsheft für Schülerinnen und Schüler Grundschule. Bildungsmaterialien Grundschule – Für Schülerinnen und Schüler. Zeitbild Verlag, Berlin.

Bundesministerium für Umwelt, Naturschutz und Reaktorsicherheit (Hrsg.) (2008): Informationen für Lehrkräfte. Bildungsmaterialien für die Grundschule – Biologische Vielfalt. Bildungsmaterialien Grundschule – Handreichung für Lehrkräfte. Zeitbild Verlag, Berlin.

Bundesministerium für Umwelt, Naturschutz und Reaktorsicherheit (Hrsg.) (2008[2]): Erneuerbare Energien. Materialien für Bildung und Information. Bildungsmaterialien Sekundarstufe I/II. Zeitbild Verlag, Berlin.

Bundesministerium für Umwelt, Naturschutz und Reaktorsicherheit (Hrsg.) (2008): Wasser ist Leben. Materialien für Bildung und Information. Bildungsmaterialien Grundschule – Für Lehrkräfte: Arbeitsblätter. Zeitbild Verlag, Berlin.

Bundesministerium für Umwelt, Naturschutz und Reaktorsicherheit (Hrsg.) (2008): Informationen für Lehrkräfte. Bildungsmaterialien für die Grundschule – Wasser ist Leben. Bildungsmaterialien Grundschule – Handreichung für Lehrkräfte. Zeitbild Verlag, Berlin.

Bundesministerium für Umwelt, Naturschutz und Reaktorsicherheit (Hrsg.) (2008): Wasser ist Leben. Materialien für Bildung und Information – Arbeitsheft für Schülerinnen und Schüler Grundschule. Bildungsmaterialien Grundschule – Für Schülerinnen und Schüler. Zeitbild Verlag, Berlin.

Corleis, Frank (2000): Die Bedeutung von Naturerlebnissen in der Schule: Naturerlebnispädagogik? Verlag edition erlebnispädagogik, Lüneburg.

Elschenbroich, Donata (2007): Weltwunder: Kinder als Naturforscher. Goldmann Verlag, München.

Förderverein NaturGut Ophoven (Hrsg.) (2007): Ein Königreich für die Zukunft. Energie erleben durch das Kindergartenjahr! NZH Verlag, Wetzlar.

Gebhard, Ulrich (2009³): Kind und Natur. Die Bedeutung der Natur für die psychische Entwicklung. VS Verlag für Sozialwissenschaften, Wiesbaden.

Goris, Eva und Claus-Peter Hutter (2006): Collection des verlorenen Wissens: Ein Handbuch für den Hausgebrauch. Droemer Verlag, München.

Hutter, Claus-Peter und Fritz-Gerhard Link (2002): Bildung fördert Natur- und Umweltbewusstsein. In: Fachdienst Naturschutz: Naturschutz-Info 3/2001, 52–55. Landesanstalt für Umweltschutz, Karlsruhe.

Hutter, Claus-Peter und Fritz-Gerhard Link (2003): Mit Kindern Bach und Fluss erleben. Fließgewässer – Lebensadern. S. Hirzel Verlag, Stuttgart.

Hutter, Claus-Peter, Karin Blessing und Wolfgang Lang (2006): Mit Kindern der Natur auf der Spur. Faszination Tier- und Pflanzenwelt entdecken. S. Hirzel Verlag, Stuttgart.

Hutter, Claus-Peter und Eva Goris (2008): Collection des verlorenen Wissens: Was Opa noch wusste. Droemer Verlag, München.

Institut für Bildung und Entwicklung (Hrsg.) (2000): Naturerfahrung im Kindergarten. Grundlagen, Projekte und Ideen. Don Bosco Verlag, München.

Institut für Bildung und Entwicklung (Hrsg.) (2000): Raus in die Natur! Naturerlebnisse, Spiele und Ideen für Kindergartenkinder. Don Bosco Verlag, München.

Köthe, Rainer und Isabelle Dinter (Illustration) (2008): Experimentieren und Forschen. Wasser, Wind und Wolkenbruch. Tessloff Verlag, Nürnberg.

Kraul, Walter (2006⁷): Spielen mit Wasser und Luft. Werkbücher für Kinder, Eltern und Erzieher 7. Verlag Freies Geistesleben, Stuttgart.

Langer, Gertraud (2000): Neue Umweltliteratur für Kinder: Darstellung und Interpretation. Wiese – Wald – Gewässer – Tierliebe, Tierleid – Artenschutz – ökologisches Denken – Umweltverschmutzung. Profil Verlag, München, Wien.

Lück, Gisela (2003): Handbuch der naturwissenschaftlichen Bildung. Theorie und Praxis für die Arbeit in Kindertageseinrichtungen. Verlag Herder, Freiburg im Breisgau, Basel, Wien.

Lück, Gisela (2007): Forschen mit Fred. Naturwissenschaften im Kindergarten. Finken Verlag, Oberursel.

Merthan, Bärbel (2004): Mit Wasser, Watte und Zuckerwürfel. Erste Experimente im Kindergarten. Verlag Herder, Freiburg im Breisgau, Basel, Wien.

Neubauer, Dieter (2002): Wasser-Spiele. Experimente mit dem nassen Element. Rowohlt Taschenbuch Verlag, Reinbek.

Reidelhuber, Almut (2000): Umweltbildung. Ein Projektbuch für die sozialpädagogische Praxis mit Kindern von 3–10 Jahren. Lambertus Verlag, Freiburg im Breisgau.

Schildhauer, Ruth (2008): Meine ersten Kosmolino Experimente. Experimentierkasten. Kosmos Verlag, Stuttgart.

Umweltministerium Baden-Württemberg (Hrsg.) (2005[2]): Blicke auf die Erde – Views on earth. Gemeinsam für eine nachhaltige Entwicklung. Selbstverlag, Stuttgart.

Umweltministerium Baden-Württemberg (Hrsg.) (2007): Umwelt und Klimaschutz in Kindertageseinrichtungen. Selbstverlag, Stuttgart.

Vester, Frederic (1991[4]): Wasser = Leben. Ein kybernetisches Umweltbuch mit 5 Kreisläufen des Wassers. Ravensburger Buchverlag, Ravensburg.

Wilken, Hedwig (2002): Kinder werden Umweltfreunde: Umweltbildung in Kindergarten und Grundschule. Spiele, Ideen und Projekte. Don Bosco Verlag, München.

Witt, Reinhard (2003): Mit Kindern in der Natur. Ideen – Wissen – Aktionen. Verlag Herder, Freiburg im Breisgau, Basel, Wien.

Bildung, Umwelterziehung und Naturerlebnis – Links

Blessing, Karin (2008): Artenwissen als Basis für Handlungskompetenz zur Erhaltung der Biodiversität: analysiert am Beispiel repräsentativer Biologieschulbücher in Baden-Württemberg (Zeitraum 1950–2004). Dissertation. Justus-Liebig-Universität, Gießen. http://geb.uni-giessen.de/geb/volltexte/2008/5505/, 10.03.2008.

Brämer, Rainer und Ulrike Raffl (2000): Jugendreport Natur '00. Natur national – Unterschiede im Naturbild deutsch- und italienischsprachiger Schüler in Südtirol. Marburg. www.staff.uni-marburg.de/~braemer/report00.pdf, 15.12.2008.

Brämer, Rainer (2003): Nachhaltige Naturentfremdung. Nachdenkenswerte Befunde des „Jugendreports Natur 2003". Oberhausen. www.sdw-nrw.de/aktiv/ente.htm.

Brämer, Rainer (2006): Jugendreport Natur '06. Pressetext. Marburg. www.staff.uni-marburg.de/~braemer/report06.htm.

Brämer, Rainer (2006): 10 Jahre Jugendreport Natur 1996 bis 2006. Empirische Erhebungen zur jugendlichen Naturbeziehung in der Hightechwelt. Marburg. www.staff.uni-marburg.de/~braemer/Report.htm.

Ministerium für Kultus, Jugend und Sport Baden-Württemberg (Hrsg.) (2004): Landesbildungsserver Baden-Württemberg. Bildung stärkt Menschen – Bildungsplan 2004. Stuttgart. http://bildung-staerkt-menschen.de.

Biologie und Naturschutz

Aichele, Dietmar und Marianne Golte-Bechtle (2005[6]): Das neue Was blüht denn da? Wildwachsende Blütenpflanzen Mitteleuropas. Kosmos Naturführer. Kosmos Verlag, Stuttgart.

Bickel, Gabriele (2008): Das Beste von der Kräuterhexe. Tees & Gewürze, Essig und Öle, Liköre & Schnäpse. Kosmos Verlag, Stuttgart.

Bocksch, Manfred (2007): Das praktische Buch der Heilpflanzen. Kennzeichen, Heilwirkungen, Anwendungen, Brauchtum. BLV Buchverlag, München.

Engelhardt, Wolfgang (2008): Was lebt in Tümpel, Bach und Weiher? Pflanzen und Tiere unserer Gewässer. Kosmos Naturführer. Kosmos Verlag, Stuttgart.

Hecker, Frank und Katrin Hecker (2008): Kosmos Vogelführer für unterwegs. Kosmos Naturführer. Kosmos Verlag, Stuttgart.

Hutter, Claus-Peter und Fritz-Gerhard Link (1992): Wunderwelt Acker und Feld. Thienemann Verlag, Stuttgart, Wien.

Hutter, Claus-Peter, Jochen Flasbarth und Hubert Weinzierl (2002): Leben braucht Vielfalt. Faszination Natur in Dorf und Stadt erleben. S. Hirzel Verlag, Stuttgart.

Ludwig, Herbert (2002): Tiere in Bach, Fluß, Tümpel, See. Merkmale, Biologie, Lebensraum, Gefährdung. BLV Bestimmungsbuch. BLV Buchverlag, München, Wien, Zürich.

Wackernagel, Mathis und William E. Rees (1997): Wie der Mensch Einfluss auf die Umwelt nimmt. Birkhäuser Verlag, Basel.

Biologie und Naturschutz – Links

Giljum, Stefan (2008): Der Ökologische Fußabdruck. Methode, Bewertung, Anwendung. Präsentation. Wien.www.seri.at/.

Umweltbundesamt (2007): Gefährdung der wild lebenden Tierarten. www.umweltbundesamt-umwelt-deutschland.de/.

Umwelt- und Naturschutz – allgemeine Links

Arbeitsgemeinschaft Natur- und Umweltbildung e. V. (ANU) (Hrsg.). Hanau. www.umweltbildung.de.

Bayerisches Landesamt für Umwelt (Hrsg.). Augsburg. www.lfu.bayern.de.

Bayerisches Staatsministerium für Umwelt und Gesundheit (Hrsg.). München. www.stmugv.bayern.de.

Bundesamt für Umwelt BAFU Schweiz (Hrsg.). Bern. www.umwelt-schweiz.ch.

Bundesministerium für Umwelt, Naturschutz und Reaktorsicherheit (Hrsg.). Berlin. www.bmu.de.

Der Senator für Umwelt, Bau, Verkehr und Europa Bremen (Hrsg.). Bremen. www.umwelt.bremen.de.

Freie und Hansestadt Hamburg (Hrsg.): Bürgerinfo & Bürgerservice / Umwelt. Hamburg. www.hamburg.de/umwelt

Hessisches Landesamt für Umwelt und Geologie (Hrsg.). Wiesbaden. www.hlug.de.

Hessisches Ministerium für Umwelt, ländlichen Raum und Verbraucherschutz (Hrsg.). Wiesbaden. www.hmulv.hessen.de.

Landesamt für Natur, Umwelt und Verbraucherschutz Nordrhein-Westfalen (Hrsg.). Recklinghausen. www.lanuv.nrw.de.

Landesamt für Umwelt, Naturschutz und Geologie Mecklenburg-Vorpommern (Hrsg.). Güstrow. www.lung.mv-regierung.de.

Landesamt für Umwelt, Wasserwirtschaft und Gewerbeaufsicht Rheinland-Pfalz (Hrsg.). Mainz. www.luwg.rlp.de.

LUBW Landesanstalt für Umwelt, Messungen und Naturschutz Baden-Württemberg (Hrsg.). Karlsruhe. www.lubw.baden-wuerttemberg.de.

Ministerium für Ländliche Entwicklung, Umwelt und Verbraucherschutz Brandenburg (Hrsg.). Potsdam. www.mluv.brandenburg.de.

Ministerium für Ernährung und Ländlichen Raum Baden-Württemberg (Hrsg.). Stuttgart. www.mlr.baden-wuerttemberg.de.

Ministerium für Kultus, Jugend und Sport Baden-Württemberg (Hrsg.). Stuttgart. www.km-bw.de.

Ministerium für Landwirtschaft und Umwelt Sachsen-Anhalt (Hrsg.). Magdeburg. www.mlu.sachsen-anhalt.de.

Ministerium für Landwirtschaft, Umwelt und ländliche Räume Schleswig-Holstein (Hrsg.). Kiel. www.mlur.schleswig-holstein.de.

Ministerium für Landwirtschaft, Umwelt und ländliche Räume Schleswig-Holstein (Hrsg.): Landesamt für Natur und Umwelt Schleswig-Holstein. Flintbek. www.llur.schleswig-holstein.de.

Ministerium für Landwirtschaft, Umwelt und Verbraucherschutz Mecklenburg-Vorpommern (Hrsg.). Schwerin. www.lu.mv-regierung.de.

Ministerium für Umwelt Saarland (Hrsg.). Saarbrücken. www.umwelt.saarland.de.

Ministerium für Umwelt und Naturschutz, Landwirtschaft und Verbraucherschutz des Landes Nordrhein-Westfalen (Hrsg.). Düsseldorf. www.umwelt.nrw.de.

Ministerium für Umwelt, Forsten und Verbraucherschutz Rheinland-Pfalz (Hrsg.). Mainz. www.mufv.rlp.de.

Ministerium für Wirtschaft, Verkehr, Landwirtschaft und Weinbau Rheinland-Pfalz (Hrsg.). Mainz. www.mwvlw.rlp.de.

Niedersächsisches Landesamt für Bergbau, Energie und Geologie (Hrsg.). Hannover. www.lbeg.niedersachsen.de.

Niedersächsisches Ministerium für Umwelt und Klimaschutz (Hrsg.). Hannover. www.mu1.niedersachsen.de.

Sächsisches Landesamt für Umwelt, Landwirtschaft und Geologie (Hrsg.). Dresden. www.smul.sachsen.de/lfulg.

Sächsisches Staatsministerium für Umwelt und Landwirtschaft (Hrsg.). Dresden. www.smul.de.

Senatsverwaltung für Stadtentwicklung Berlin (Hrsg.). Berlin. www.stadtentwicklung.berlin.de.

Thüringer Landesanstalt für Umwelt und Geologie (Hrsg.). Jena. www.tlug-jena.de.

Thüringer Ministerium für Landwirtschaft, Naturschutz und Umwelt (Hrsg.). Erfurt. www.thueringen.de/de/tmlnu.

Umweltbundesamt (Hrsg.). Dessau-Roßlau. www.uba.de.

Umweltbundesamt Österreich (Hrsg.). Wien. www.umweltbundesamt.at.

Umweltministerium Baden-Württemberg (Hrsg.). Stuttgart. www.um.baden-wuerttemberg.de.

Verbraucherzentrale Bundesverband e. V. (Hrsg.). Berlin. www.vzbv.de/go.

Dank

Dieses Buch ist ein Beitrag zum Projekt „Wissenshunger – Wege zu einer nachhaltigen Schulverpflegung", das die Akademie für Natur- und Umweltschutz Baden-Württemberg (Umweltakademie) initiiert und durchgeführt hat.
Das Vorhaben ist mit freundlicher Unterstützung der Glücksspirale möglich geworden. Für weitere Unterstützung sowie für den vielfältigen Dialog danken wir Slow Food Deutschland und den Partnern an unseren Modellstandorten, insbesondere der Stadt Brackenheim, der Stadt Freiburg im Breisgau, den Wentzinger Schulen Freiburg, der Ökostation Freiburg, dem Slow Food Convivium Freiburg, der Gemeinde Oberderdingen, der Leopold-Feigenbutz-Realschule Oberderdingen, der Strombergschule Oberderdingen, den Landfrauen Oberderdingen, der BLANCO CS GmbH + Co KG, der Geschwister-Scholl-Schule Tübingen, dem Verein der Freunde der Geschwister-Scholl-Schule, dem Slow Food Convivium Tübingen/Neckar-Alb, den Stadtwerken Tübingen, der AOK – die Gesundheitskasse Neckar-Alb sowie zahlreichen weiteren Einrichtungen und Akteuren vor Ort.
Nachhaltige Schulverpflegung und die entsprechende Bildung für eine nachhaltige Entwicklung können erst durch einen ganzheitlichen Ansatz gelingen. Nur wenn Kinder und Jugendliche schon frühzeitig, ohne erhobenen Zeigefinger, an so alltägliche Themen wie die Herkunft unserer Lebensmittel herangeführt werden, können sie später die Problematik der Welternährung und die Notwendigkeit nachhaltiger Lebensstile verstehen und erfolgreich leben.
Für die Illustration danken wir Wolfgang Lang.
Schließlich danken wir herzlich dem Hirzel-Verlag und insbesondere Angela Meder für die Zusammenarbeit.

Akademie für Natur- und Umweltschutz Baden-Württemberg
(Umweltakademie)
Dillmannstraße 3
70193 Stuttgart
Fax: 0711/ 126-2893
umweltakademie@uvm.bwl.de
www.umweltakademie.baden-wuerttemberg.de

Gefördert durch die
GlücksSpirale

Bibliografische Information der Deutschen Nationalbibliothek
Bibliographische Information der Deutschen Bibliothek
Die Deutsche Bibliothek verzeichnet diese Publikation in der Deutschen Nationalbibliographie; Detaillierte bibliographische Daten sind im Internet unter **http://dnb.d-nb.de** abrufbar.

ISBN 978-3-7776-2109-8

Konzeption, Herausgeber und Texte:	Nicole Welsch, Karin Blessing, Claus-Peter Hutter, Akademie für Natur- und Umweltschutz Baden-Württemberg (Umweltakademie)
Zeichnungen/Grafiken:	Wolfgang Lang, Grafenau PIXELRAUSCH design & produktion e.K., Lahr
Lektorat:	Anne-Kathrin Janetzky/Dr. Angela Meder
Fotos:	Claus-Peter Hutter, Nicole Welsch
Umschlaggestaltung:	Neil McBeath, Stuttgart
Layout, Satz, Bild:	PIXELRAUSCH design & produktion e.K., Lahr
Druck und Bindung:	Lahrer Anzeiger GmbH, Druckerei und Verlag, Lahr